PEDRO CARDOSO EU#MESMO

PEDRO CARDOSO EU#MESMO

EM BUSCA DE UM DIÁLOGO CONTRA O FASCISMO BRASILEIRO

1ª edição

EDITORA RECORD
RIO DE JANEIRO • SÃO PAULO
2019

CIP-BRASIL. CATALOGAÇÃO NA PUBLICAÇÃO
SINDICATO NACIONAL DOS EDITORES DE LIVROS, RJ

C266p

Cardoso, Pedro
   Pedro Cardoso eu mesmo: em busca de um diálogo contra o fascismo brasileiro / Pedro Cardoso. – 1ª ed. – Rio de Janeiro: Record, 2019.

ISBN 978-85-01-11738-0

1. Brasil – Política e governo – Séc. XXI. I. Título.

19-56739

CDD: 869.7
CDU: 82-7(81)

Vanessa Mafra Xavier Salgado – Bibliotecária – CRB-7/6644

Copyright © Pedro Cardoso, 2019

Todos os direitos reservados. Proibida a reprodução, armazenamento ou transmissão de partes deste livro, através de quaisquer meios, sem prévia autorização por escrito.

Texto revisado segundo o novo Acordo Ortográfico da Língua Portuguesa.

Direitos exclusivos desta edição reservados pela
EDITORA RECORD LTDA.
Rua Argentina, 171 – Rio de Janeiro, RJ – 20921-380 – Tel.: (21) 2585-2000.

Impresso no Brasil

ISBN 978-85-01-11738-0

Seja um leitor preferencial Record.
Cadastre-se em www.record.com.br
e receba informações sobre nossos
lançamentos e nossas promoções.

Atendimento e venda direta ao leitor:
sac@record.com.br

Para minha filha Maria.

*Para o meu avô Thiers Martins Moreira. Ele tinha a profissão
mais importante entre todas as que há. Ele era professor.*

*Para todas as pessoas que me visitaram no Instagram
e compartilharam comigo suas opiniões e emoções.*

We don't have to become a monster
in order to defeat a monster.

Bono

Sumário

Duas palavrinhas antes   11

Capítulo 8: A resistência nossa de todos os dias   17
     Da posse de Jair Messias até a "comemoração" dos
     cinquenta anos do golpe de 1964

Capítulo 7: À espreita, assistindo ao reino da incivilidade
se instalar no Brasil   83
     Da eleição de Jair Messias até as vésperas da posse

Capítulo 6: Engajado em declarada campanha política
contra o fascismo   99
     Do início do segundo turno até a véspera da eleição

Capítulo 5: Tentando quebrar a imobilidade de algumas
convicções políticas   155
     Do atentado contra a vida de Jair Messias até o fim do
     primeiro turno das eleições

Capítulo 4: Procurando uma opção político-partidária para
o Brasil   201
     Da descoberta do projeto Escola Sem Partido até o
     incêndio do Museu Nacional

Capítulo 3: Ainda tentando estabelecer um diálogo sobre
a democracia   253
> *Da prisão de Lula até a descoberta da candidatura de*
> *Manuela D'Ávila*

Capítulo 2: Tentando estabelecer um diálogo sobre a democracia   283
> *Da condenação de Lula em segunda instância até a sua*
> *prisão*

Capítulo 1: Descobrindo o Instagram e o Brasil atual através dele   345
> *Dos primeiros meses do governo ilegítimo de Temer até as*
> *vésperas do julgamento de Lula na segunda instância*

Duas palavrinhas depois   395

Duas palavrinhas antes

Este livro reúne uma seleção dos textos que publiquei em uma conta da rede antissocial Instagram, entre 6 de setembro de 2016 e 31 de março de 2019.

Quando inaugurei as publicações, estávamos nos primeiros meses do governo ilegítimo de Michel Temer. Eu ainda me recuperava do susto com o espetáculo da assombrosa mediocridade dos parlamentares brasileiros, revelada nos breves discursos proferidos durante a votação do impedimento de Dilma Rousseff.

Entre o show de horrores, se destacava o crime contra a humanidade (minha opinião!) cometido por Jair Messias Bolsonaro em 17 de abril de 2016, ao enaltecer conhecido e condenado torturador.

> "Nesse dia de glória para o povo brasileiro, tem um nome que entrará para história nessa data, pela forma como conduziu os trabalhos nessa casa. Parabéns, presidente Eduardo Cunha! Perderam em 1964. Perderam agora em 2016. Pela família e pela inocência das crianças em sala de aula que o PT nunca teve. Contra o comunismo! Pela nossa liberdade! Contra o Foro de São Paulo! Pela memória do coronel Carlos Alberto Brilhante Ustra, o pavor de Dilma Rousseff! Pelo Exército de Caxias! Pelas nossas Forças Armadas! Por um Brasil acima de tudo e por Deus acima de todos, o meu voto é sim!"

Eu nunca participei profissionalmente de atividade política. Nunca fui filiado a partido algum, nem frequentei assiduamente encontros em partidos políticos — embora tenha ido a algumas reuniões —, nem nunca atuei como dirigente sindical — embora seja filiado ao sindicato da minha categoria. Mas se nunca fui, nem de longe, um político profissional, eu me engajei em todas as campanhas eleitorais do Partido dos Trabalhadores desde os meus 20 anos de idade. Pode-se dizer, sem sombra de dúvida, que eu fui um entusiasta do projeto petista para o Brasil e que me dediquei a ele no que pude, ainda que amadoristicamente. Dedicação que se interrompeu quando da revelação do processo de corrupção política conhecido como Mensalão. Ainda que eu tenha votado no partido nas eleições seguintes, já não o fiz com uma crença sem receios como antes; mas por considerar que, devido à ainda maior desonestidade dos outros candidatos, o PT continuava sendo a melhor opção. Assim foi contra Geraldo, José, Aécio e Jair. E quem pode dizer que eu estava errado?

Mas se votei sempre no PT, a minha escolha partidária nunca encontrou no meu teatro um espaço publicitário. Eu jamais fiz campanha de partido político de cima do palco. Acreditava, como acredito ainda, que o teatro me possibilitava tratar dos assuntos das relações humanas transcendendo a interesses partidários; e que essa era a minha vocação e a minha obrigação.

Entretanto, apesar de nunca ter feito política no teatro, o meu teatro sempre foi político. Partidos políticos são circunstanciais; os ideais que escolhemos são identitários. Somos aquilo no que acreditamos. O meu trabalho, portanto, embora nunca subserviente a projeto algum de poder partidário, sempre foi político porque resulta das minhas convicções e das contradições que nelas se debatem.

A minha atuação política profissional era, por assim dizer, artística. E eu estava satisfeito que fosse assim.

Ao inaugurar a minha conta de Instagram, eu não fazia a menor ideia, nem tinha a menor intenção, de que ela seria uma plataforma para publicação de algo semelhante a uma crônica política. Eu sou um autor de teatro. Jamais tive pretensões a pensamento teórico. Gosto de não ter; gosto de ser um comediante; gosto de me expressar apenas através da dialética própria da dramaturgia.

Mas quem pode saber a vida que lhe caberá viver? A petulância que Jair Messias ostentou no discurso de 17 de abril de 2016, ao fazer apologia da tortura dentro do Congresso Nacional, e a aceitação por uma enorme quantidade de brasileiros dessa aberração incivilizada me assombraram e fizeram de mim um determinado defensor da democracia na primeira pessoa do singular.

Eu ainda não soube naquele dia que terminaria por me dirigir ao público como eu mesmo, e não mais emprestando a minha voz a um personagem. Mas, à medida que se revelava o surgimento no Brasil de um projeto de poder totalitário, disfarçado de ação messiânica e com evidentes características fascistas, uma voz começou a se sublevar dentro da minha mente. Eu me indignava e a voz vinha argumentar contra as desavergonhadas falsificações da realidade que o discurso messiânico despejava diariamente e que viriam a tipificar o modo de atuação desse grupo político, como depois veio a ficar comprovado. Políticos de todas as tendências sempre se valeram de mentiras para esconder a verdade de suas ambições. Mas o modo como o projeto conservador tem feito uso descarado delas é algo sem precedente na história do Brasil e do mundo.

A cada nova divulgação dos absurdos messiânicos, a voz dentro de mim se insurgia e eu falava com as paredes, com a minha imagem no espelho, com o teto do quarto... Naqueles primeiros tempos, fui o meu único e solitário ouvinte. Até que me deparei com os agentes deste sinistro movimento nos domínios da rede que pouco antes eu havia começado a frequentar. Descobri que, desavisadamente, eu estava brincando de ser eu mesmo no campo onde se travavam as batalhas do processo político brasileiro: as redes antissociais.

DUAS PALAVRINHAS ANTES | 13

E, então, a voz insurrecta, que fora de mim se dispersava sem encontrar ouvidos, viu ali uma chance de chegar a alguém, e se organizou como publicações da minha conta de Instagram. Foi assim que eu passei a falar na primeira pessoa com o público.

Os textos publicados aqui sofreram poucas alterações em relação aos disponibilizados na rede. No momento de organizá-los, eu não resisti a tentar melhorar um pouco o estilo, acrescentar alguma compreensão que tive posteriormente, aprofundar a argumentação, uma vez que estava livre dos limites do espaço virtual, além de corrigir lapsos gramaticais. Mas eu em nada alterei o caráter dos textos. Muitos foram escritos sob forte emoção de revolta e trazem a marca do momento. O que foi dito deve permanecer dito do modo que foi; sem reparos da serenidade posterior. As ingenuidades, as pretensões, as hesitações, todos os defeitos estão lá. E as qualidades que houver, também. A seleção que fiz teve por critério apenas evitar repetição de temas frequentes ou absolutamente desimportantes.

A publicação do Instagram se compõe de dois elementos: imagem (foto ou vídeo) e texto. Por vezes, eu fazia a imagem dialogar com o texto; em outras, ambos apenas se redundavam. Neste livro, decidi não reproduzir nenhuma das imagens que utilizei na rede social. Por isso, resolvi adotar o seguinte critério: nos casos em que o texto dialogava com a foto ou vídeo, mantive uma descrição da imagem ou transcrevi o conteúdo do vídeo. Nos demais casos, decidi manter apenas o texto.

O valor possível desta obra não reside na originalidade eventual — e improvável — do que eu digo. Eu apenas repito o que aprendi, lendo e ouvindo, de uma multiplicidade de fontes variadas. O encontro do que sei com a minha genética e a minha biografia resulta na minha opinião. Este não é, de modo algum, um livro de ciências sociais; muito menos de filosofia política. Este é um livro de opinião, e de uma opinião amadora. Se este livro tiver algum valor, será o de ser um testemunho do nosso tempo e de contar a história de como eu, um desorientado, inábil, anacrônico e cético instagramista, vim fazer uso entusiasmado da rede para publicação de uns arremedos de crônica política; e como, depois, terminei por descrer da eficiência do que fiz justamente por tê-lo feito em uma rede antissocial.

Os textos estão agrupados em capítulos, na ordem inversa a que foram publicados no Instagram, embora sigam a ordem cronológica dentro de cada capítulo. Podem ser lidos tanto do último para o primeiro como do primeiro para o último, bastando que a leitura comece pelo fim ou pelo começo do livro.

Por que razão reunir em livro textos já anteriormente publicados numa conta de Instagram, ainda mais considerando que a conta permanecerá rodando no espaço virtual? Essa é a pergunta que o leitor provavelmente se faz. E eu espero que o próprio livro a responda.

Boa leitura.

Da posse de Jair Messias até a "comemoração"
dos cinquenta anos do golpe de 1964

1º de janeiro de 2019 a 31 de março de 2019

Capítulo 8

A resistência nossa de todos os dias

Em 1º de janeiro de 2019

Dia em que Jair Messias tomou posse na gerência do Executivo.

ILUSTRAÇÃO:
FOTO (TIRADA POR MIM) DE UMA PINTURA
DE JESUS CRISTO, DE AUTORIA DE EL GRECO.

Deus abençoe o Estado laico.

Apenas sendo laico pode o Estado garantir a liberdade de religião. Entre os desejos de liberdade, crer no que quer que seja é um dos maiores entre todos.

Estado e religião têm se amalgamado desde sempre e, ainda hoje, em muitos lugares mantêm-se dessa forma. Eu penso que é boa coisa separá-los! Penso assim por amor à liberdade e respeito à diferença. Não vejo mais verdade em Jeová do que vejo em Tupã ou em outros nomes de Deus. Admiro a devoção sincera tanto por um quanto pelos outros. E admiro, igualmente, e me parecem saudáveis, as religiões de muitos deuses. Amigáveis para mim são todos os modos de amar e suas sexualidades.

Eu nasci em um Brasil profundamente religioso, mas regido por um Estado laico, ainda que frequentemente tenha estado sob a ameaça de um catolicismo insincero. É com assombro e desagrado que vejo surgir as ambições de hegemonia do fundamentalismo evangélico e sua patética tentativa de "revolução cultural". Fosse católico, umbandista, niilista, comunista, qualquer fundamento absoluto em que se baseasse, me desagradaria do mesmo modo. Fundamentalismos são sempre estratégia para se ganhar dinheiro através do poder.

Nada pode se pretender maior do que a liberdade. O paraíso que perdemos ao comer o conhecimento — segundo a tradição judaica — trocamos pela liberdade que o conhecimento faz conhecer. Fico com esta última e os pecados que com ela nos tentam.

Este Jesus da publicação é a foto de uma foto de uma pintura de El Greco, grande pintor espanhol. Tive a oportunidade de visitar o museu em Toledo e, ao deparar-me com a pintura, que eu já conhecia por fotografias, me surpreendeu que a sua poderosa beleza não tivesse me sido transmitida pelo registro fotográfico. Apenas estando diante do quadro é que chegamos a vê-lo como ele é. O quadro é uma representação de algo — no caso, o Cristo — que não está presente. A pintura não é o próprio Cristo, mas uma representação dele. Mas o quadro é a presença de si mesmo, da obra que ele mesmo é. Ver a foto do quadro não é o mesmo que estar diante da obra; menos ainda do que nela está representado.

A presença física das coisas nos informa algo sobre elas que não é o mesmo que nos informa a sua representação. É preciso estar presente para conhecer a coisa ela mesma; pois o conhecimento é também construído pelas sensações que a realidade provoca no corpo que observa.

Aqui, nessa tela luminosa, o que conhecemos não é a coisa que vemos, mas a representação dela na tela. A única coisa presente nesta tela é ela mesma. As coisas que dentro dela nos aparecem somem dentro dela, por assim dizer; chegam a nós como representação na presença da tela. Como o Cristo no quadro de El Greco. O que nos chega do Cristo é a pintura dele, uma representação imaginada pelo pintor. Diante do Instagram, apenas o que podemos conhecer é o próprio Instagram. Eu nada vi do Cristo quando estive diante do quadro, mas sim do que El Greco viu do Cristo. É a visão do pintor que me comove e não a realidade do Deus.

Que relação tem esse meu assunto com o momento atual? A produção da mentira seria a resposta. É no espaço entre a coisa e a sua representação que opera a possível manipulação da verdade. Qualquer narrativa pode abrigar uma mentira desde sempre. Nos dias de hoje, o mundo virtual facilitou o trabalho de mentir. Com a tecnologia de produção de imagens que temos a nosso dispor atualmente, podemos fabricar verossímeis representações realistas de qualquer mentira que se queira difundir. Um perigo em mãos inescrupulosas. Apenas em contato físico com as coisas é que as podemos conhecer na verdade de si mesmas. Presente diante delas, o nosso corpo reage às sensações que a presença das coisas nos causa; e o conhecimento, que das sensações não pode prescindir, torna-se mais acurado ou, até, perfeito.

No museu do Carmo, em Salvador, há uma escultura do Cristo em madeira; dizem que o autor foi um africano escravizado no Brasil. É de uma beleza imensa. Sugiro a visita; assim como sugiro o estudo do candomblé nas escolas; além, é claro, do catolicismo, do espiritismo, do marxismo, do conservadorismo, de tudo.

Que os deuses e Deus abençoem o Estado laico, a democracia, os direitos humanos e a verdade dos fatos honestamente apurados por quem os presenciou ou os investigou a presença com a maior isenção que admita a nossa psicologia. São meus ideais de Réveillon.

Bom ano, colegas. Axé.

Em 6 de janeiro de 2019

ILUSTRAÇÃO:
REPRODUÇÃO EM JORNAL DA PUBLICAÇÃO NO
TWITTER DO FUNCIONÁRIO NOSSO DO TIPO
DEPUTADO EDUARDO BOLSONARO:
"Atenção professores: seu aluno q inicia agora o 1º ano do ensino médio não precisa saber sobre feminismo, linguagens outras q não a língua portuguesa ou história conforme a esquerda, pois o vestibular dele será em 2021 ainda sob a égide de pessoas da estirpe de Murilo Resende." (sic)

Políticos eleitos não têm o direito de avançar sobre a democracia, arvorando-se em funções estranhas ao mandato. Vereadores, deputados e senadores são empregados do povo, pagos por nós para legislarem em conjunto dentro do jogo de forças que, nos parlamentos, se encontram, e não para emitirem ordens individualmente a toda uma categoria. O país é regido pelas leis, e não pela vontade de uns ou de outros. Por maior que seja a vitória de uma determinada corrente política, ela jamais representará a totalidade do anseio popular. Não há monopólio na democracia. Estas atitudes de pretensão autoritária da nova administração revelam a precária compreensão que eles têm dos empregos que conseguiram.

Políticos não são líderes espirituais da nação. A nação procura os seus caminhos em muitos ambientes além dos parlamentos. Nas conversas, nas terapias, nos teatros, nas reuniões de professores, de condomínio etc. O Congresso é apenas um dos lugares onde uma sociedade se organiza; há outros. Políticos não são líderes; são empregados. Devem obedecer ao povo e não mandar nele. E obedecer ao povo é fácil: basta cumprir a lei e fazer o trabalho para o qual foram contratados e serão pagos. Sejam de que partido forem. A idolatria recente a políticos de esquerda causou desmandos enormes. Que nos baste a lição.

Messias e seus filhos parecem não compreender esse simples fato da vida pública. Espero que seus eleitores o compreendam melhor.

P.S.: A opressão do masculino sobre o feminino está presente em tudo; a oposição a ela chama-se feminismo. É natural que quem foi ensinado a atirar antes de aprender a ler tenha medo da sexualidade e incapacidade de lidar com os seus temas.

Em 10 de janeiro de 2019

> ILUSTRAÇÃO:
> CHAMADA DE MATÉRIA NO SITE DE NOTÍCIAS UOL:
> *"Gleisi* vai à Venezuela representar o PT na*
> *posse de Maduro nesta quinta."*

Apoiar Nicolás e seus desmandos é um erro de proporções trágicas, na minha opinião. O PT parece ter perdido totalmente a conexão com ideais de liberdade que um dia defendeu ou disse defender. Os inimigos da liberdade, e da prévia justiça social que a promove, são muitos! Mas ditaduras nunca são defesa contra esses inimigos. Principalmente ditaduras que se impõem através de democracias falsificadas. Nicolás não poderia nunca ter desautorizado a assembleia na qual o povo lhe negou a maioria. É impossível lutar por liberdade no Brasil e apoiar ditaduras mundo afora. O PT presta um desserviço à liberdade com sua política para lá de ultrapassada. Agindo assim, oferece argumentos irrefutáveis a quem, por conveniência, deseja afirmar que toda defesa de justiça social é defesa de regimes totalitários. Hoje, só negando o PT é possível ser de esquerda no Brasil.

---

* Gleisi Hoffman, presidenta nacional do Partido dos Trabalhadores.

A liberdade realmente está cercada de inimigos por todos os lados. É preciso cultivá-la como a uma flor rara e frágil. E dizer de mim que naveguei tantos anos naquela ilusão! Mantenho a minha opinião de que a justiça social é a condição primeira do futuro, mas não sei como alcançá-la através do modo atual de se fazer política. Há algo de muito errado no âmago do funcionamento da política. E esse erro, ainda desconhecido e sobre o qual nem sequer nos interrogamos, desacredita a democracia e faz parecer que os extremismos poderão nos salvar do caos. Mas os extremismos são o caos! É preciso pensar, pensar, pensar em algo diferente do que já conhecemos. Alguma sugestão?, pergunto a esta igreja de todos os credos na qual desejo ter fé. Bom dia.

Em 11 de janeiro de 2019

Na minha opinião, todo grupo de pessoas que se organiza para chegar ao poder — qualquer dos três poderes — pretende enriquecer valendo-se da riqueza do Estado. O álibi é sempre o mesmo: o bem do povo, o qual é realizado na medida da conveniência do grupo, pelo bem do grupo. Nenhum negócio privado é mais rico do que o Estado; o Estado é, potencialmente, um bom pagador porque é riquíssimo.

No entanto, o Estado espelha a estrutura social do Brasil: uma pequena elite de funcionários é bem remunerada e desfruta de imensos privilégios enquanto a maioria trabalha duro e ganha pouco — policiais, soldados e professores do ensino básico, por exemplo. E lá pelo meio, viceja uma pequena classe média. Assim tem sido sempre, com maior ou menor honestidade, dependendo da administração. Não há mesmo nenhuma razão para almejar o poder se não for enriquecer a si próprio e aos seus.

(Mas, vejam: Ser funcionário público não é estar no poder. A grande maioria não tem poder algum. Apenas a elite destes, em seus cargos de comando e altos postos na hierarquia, é que são os poderosos! Diferença enorme. Os mais honestos tendem a permanecer longe dos melhores salários do topo, como é de esperar em um sistema desonesto.)

A atual administração messiânica não difere em nada de todas as anteriores no que diz respeito a isto. Os fatos já são evidentes; como evidentes se tornaram os da administração anterior.

Nosso desafio é descobrir de que modo organizar a administração pública sem que ela seja um negócio particular de quem lá é posto para trabalhar para nós! O auxílio-moradia de um juiz ser maior do que o salário de um professor é uma imoralidade brutal e reveladora do elitismo do funcionalismo público. Temos que pensar em como mudar tudo. Não acham?

P.S.: Não gostar de Nicolás não significa gostar de quem desgosta dele. Minhas razões não são as mesmas que as da atual administração nem que as de Trump. É óbvio, mas faço questão de dizer.

Em 16 de janeiro de 2019

Vejam: apenas cinco deputados renunciaram ao benefício para mudança no valor de 33,7 mil reais! Eu nem sabia que havia esse auxílio. E recebem todos os anos! Mudam-se todos os anos? Como tenho dito: a classe política e as elites do serviço público nos roubam todos os dias, de manhã até a noite! E nós ainda vamos insistir que a solução para os nossos problemas virá deles?! Não virá. Todo grupo que se organiza para chegar ao poder quer enriquecer às expensas do dinheiro público. Todos, menos cinco! Vejam este auxílio anual ao qual apenas cinco deputados renunciaram! E o presidente Rodrigo Maia adiantou o pagamento! E nós continuamos elegendo pessoas evidentemente desonestas! Há algo de muito errado em tudo; não é possível administrar um país desse modo.

Minha filha Luiza me sugeriu que assistisse ao documentário *Minimalism*. É sobre pessoas que decidiram reagir ao mercado de consumo e viver com o fundamental apenas. É interessantíssimo! Passo à frente a recomendação. Fez-me confirmar a certeza de que a atuação política não pode ficar restrita a escolher um partido e um líder messiânico, e depositar no jogo político toda a responsabilidade pela solução das nossas questões. É preciso atuar politicamente em nossas vidas particulares. Assim fizeram os *minimalistas* do documentário. Acredito que ações assim são a verdadeira revolução que poderá, algum dia, forçar uma mudança real do Estado. Ações como essas têm força econômica; e mudam, portanto, o mundo (marxismo!). O mais é ilusão na eficiência político-partidária; crença a qual só aos políticos interessa que nos mantenhamos aprisionados.

Vejam o documentário. É muito bom e faz pensar em coisas boas. E, como já disseram, para além de reagirmos aos desmandos dos extremismos, suas mentiras e seus crimes, temos também que propor o novo mundo que queremos ver no lugar do antigo.

Conselho humilde aos colegas pais e mães: ouçam os seus filhos!

Em 21 de janeiro de 2019

ILUSTRAÇÃO:
CHAMADA DE MATÉRIA NO SITE JORNALISTAS LIVRES:
*"Doria regulamenta lei que endurece
regras para conter protestos."*

Bom dia.

Eu acho que a democracia claudica porque mesmo em nós a convicção democrática é hesitante. Julgamos que colocar no poder — principalmente, no Executivo — o nosso escolhido nos dará pleno direito de moldar o país à nossa feição com exclusividade. Quando vencemos, desconhecemos o direito de quem diverge de nós a continuar tendo influência sobre o nosso destino comum, como se o fato de sermos eventual maioria eleitoral nos desse poderes ilimitados, absolutos. Mas eu acho que não é assim que a democracia funciona. A democracia é justamente o convívio das diferenças, e não o domínio de uns sobre os outros. Em uma democracia, todas as ações de governo devem ser determinadas pela atuação de todas as forças da sociedade. Não há monopólio do poder; há situação e oposição, e tudo é o país.

Mas como podemos aceitar uma democracia plena se nós mesmos confiamos apenas na nossa opção política e a queremos ver eternamente no poder?

Por desejarmos estar sempre no poder é que admitimos os governantes também pretenderem nunca sair dele e manobrarem para ali se manterem indefinidamente. A alternância no poder é a razão de ser primordial da democracia.

Eu acho que nós precisamos aceitar — e mesmo desejar! —, conviver e repartir decisões com os diferentes de nós. Só então poderemos impor o convívio democrático aos políticos e tirar deles o poder.

Até lá, a democracia fica sendo suprimida por atos como este da notícia e tantos outros; que são tantos, que, se os fôssemos vigiar a todos, não faríamos outra coisa da vida.

P.S.: Alguém acreditou nas explicações da família Messias sobre o Queiroz? Pergunto com sincera curiosidade.

P.S. 2: O que Antonio Palocci diz sobre Luiz Inácio é de uma sordidez incrível. Verdade ou mentira — é impossível saber —, o modo como ele o diz, inocentando-se de tudo, é revelador de um caráter pusilânime. Se existe a culpa, ela é certamente, e igualmente, dos dois. Repugnante quem busca se beneficiar traindo os seus; pois não é por amor ao Brasil que Antonio agora revela crimes, e sim por amor a si mesmo. Se é verdade ou não, como saber? Mas não há como desassociar Antonio do PT. Ele era o PT. Não só ele, mas ele também. Razões não faltam para o meu desencanto.

Em 22 de janeiro de 2019

> ILUSTRAÇÃO:
> CHAMADA DE MATÉRIA NO JORNAL *EL PAÍS BRASIL*:
> *"O elo entre Flávio Bolsonaro e a milícia*
> *investigada pela morte de Marielle."*

Acho importante todo mundo ler a reportagem do *El País Brasil*. Ao que tudo indica, a situação é gravíssima. Se a administração anterior, do PT, já nos causou problemas, a atual, como tudo fazia crer, promete ser infinitamente mais danosa ao país. Foi por isso que eu votei em Fernando, ainda que não desejasse o Partido dos Trabalhadores de volta à gerência do Executivo. Acho que é hora de quem votou em Messias começar a se preocupar com o que fez. Mas não penso que devemos nos voltar contra quem votou nele. Até mesmo porque, considerando-se o quadro dos políticos brasileiros, nenhuma escolha havia que fosse isenta de alguma preocupação. Devemos, creio eu, apelar para a consciência daqueles que, apesar de terem um bom coração, se deixaram iludir pelas mentiras messiânicas. Acho que devemos acolhê-los, pois eles devem estar começando a se sentir muito envergonhados do que fizeram. E razão têm para se sentirem. Insistir na santidade da família de Messias é uma negação da realidade ainda maior do que negar crimes cometidos pelo PT. Ambas as insistências impedem que a gente comece a se mover para fora dessa polarização inútil. Nossos inimigos são todos eles. Estes de agora são ainda piores do que os de antes — muito piores! —, na minha opinião.

Mas há quem pense diferente de mim, acreditando que os atuais são menos ruins do que os petistas. A esses, eu diria que acho irrelevante a nossa discórdia, contanto que estejamos de acordo que não há, no momento, nenhuma organização política que esteja honestamente alinhada com o povo brasileiro. E que o povo deve se organizar, portanto. De que modo? Não sei ao certo. Talvez, do modo como estamos já tentando: berrando a nossa indignação e, a partir dela, dando início a uma conversa séria, serena e produtiva sobre o país que queremos ver surgir do nosso entendimento.

A verdadeira construção de um outro Brasil ainda não começou; e ela não surgirá de arrogantes fundamentalistas religiosos nem de arrogantes socialistas prepotentes; mesmo porque tanto o cristianismo de uns quanto a ideologia de outros são subterfúgios para ambições pessoais.

Essa é a minha opinião.

Em 23 de janeiro de 2019

ILUSTRAÇÃO:
CAPA DO LIVRO: *WHAT ARE YOU LOOKING AT? 150 YEARS OF MODERN ART IN THE BLINK OF AN EYE*, DE WILL GOMPERTZ.

Sugiro esse livro. Eu sempre tive dificuldade em compreender de que modo havia se desenvolvido a arte durante o século XX. Esse livro me possibilitou uma visão panorâmica de todos os movimentos e de como eles surgiram uns de dentro dos outros, desde meados do século anterior. É leitura muito agradável. O autor é um grande professor. Para quem gosta de arte e história, recomendo.

Passando em revista o empenho de tantos artistas dedicados à sua arte, fiquei feliz ao confirmar o quanto eles se dedicaram a produzir algo que melhorasse o mundo, inconformados que todos eram com a tendência à imobilidade que existe em todas as estruturas sociais. A revolução de ontem será a prisão de amanhã caso deixe de se modificar. Tudo está em movimento e deve sempre permanecer se movendo.

A arte é obra desses artistas, e não dessa legião do que chamamos de celebridades. Estes são uma invenção da indústria de futilidades. Nada contra; apenas não são a mesma coisa. E não me parece saudável que estes sejam confundidos com aqueles. Artistas são Manet, Monet, Renoir... e a turma toda que se seguiu.

Nessa hora de tanto perigo, eu acho prudente a gente se dar conta dos movimentos da história. Faz a gente ficar humilde diante do tempo e melhora a nossa percepção da realidade; eu acho.

Bom dia.

Em 26 de janeiro de 2019

> ILUSTRAÇÃO:
> CHAMADA DE MATÉRIA NO JORNAL *THE GUARDIAN*:
> *"Europe 'coming apart before our eyes', say 30 top intellectuals."**

Intelectuais europeus escreveram um manifesto alardeando a ameaça à liberdade que representa o agigantamento de governos populistas/totalitários que se produzem por todo o mundo.

Alerta da maior importância.

A pergunta que insiste em me fustigar continua sendo: de que modo falar com quem não quer me ouvir? O que podem os argumentos racionais, sustentados na lógica e na ciência, contra a irracionalidade das emoções? Como argumentar com os ressentidos que foram — e, verdadeiramente, foram — traídos pelo modo vigente de se fazer política? Como dizer que os extremos não são a solução para as falhas — reais — das democracias?

Como revelar a mentira dos fascistas se fomos, e continuamos a ser, relapsos com a mentira dos democratas? Políticos têm mentido para nós por décadas e temos sido negligentes em denunciá-los. Agora, avançam sobre nós os não políticos do fascismo e nós nos encontramos desmoralizados perante as pessoas a quem queremos alertar.

---

* "A Europa 'está se desfazendo diante de nossos olhos', dizem os trinta maiores intelectuais."

Para que a voz razoável da razão venha a ser novamente respeitada, teremos que descer ao rés do chão, onde vivem a gente toda, e tentar ouvir o que as faz se sentirem tão inseguras a ponto de acreditarem nas promessas delirantes dos radicais. Algo falhou no funcionamento da democracia, que faz parecer que ela mesma falhou. Mas eu acredito que a falha é operacional e não fundamental. A democracia não soube se defender do mau uso que tem sido feito dela pela grande maioria dos políticos. Na minha opinião, precisamos aperfeiçoá-la. Desistir dela será entregar a liberdade aos cuidados da barbárie que os totalitarismos engendram.

O sistema legal não tem como se proteger quando todos os agentes públicos são desonestos ao mesmo tempo. Precisamos descobrir como protegê-lo de quem o opera. Não me ocorre de que modo. Temos que pensar com humildade e próximos uns aos outros.

Em 28 de janeiro de 2019

> ILUSTRAÇÃO:
> CARTAZ DO FILME *THE POST: A GUERRA SECRETA*,
> DE STEVEN SPIELBERG; NO ELENCO: MERYL STREEP
> E TOM HANKS.

Sugiro com entusiasmo o filme *The Post*, de Spielberg.

Obra da maior relevância sobre a importância do jornalismo profissional.

O negócio do mundo afeta todas as atividades humanas; o jornalismo também. Ninguém é ingênuo. Mas não podemos prescindir da imprensa profissional. Suas falhas e possíveis desonestidades devem ser combatidas, mas nunca serem pretexto para desprezá-la na suposição de que uma informação de qualidade pode ser produzida amadoristicamente apenas porque empresas oferecem uma plataforma de difusão. Não há democracia sem imprensa profissional e liberdade para que ela a tudo vigie e para que nós vigiemos a ela. Uma ideia antiga, mas nem por isso ultrapassada. Vejam o filme. É excelente.

Em 29 de janeiro de 2019

> ILUSTRAÇÃO:
> CAPA DO LIVRO *A CLASSE MÉDIA NO ESPELHO*,
> DE JESSÉ SOUZA.

"Ou seja, a renda auferida pelos integrantes adultos da classe média só existe por conta dessa reprodução invisível de privilégios positivos na infância e na adolescência. (...) Ao tornar invisível a reprodução de privilégios, a pseudociência liberal se torna manipuladora, invertendo causas e efeitos." Trecho de *A classe média no espelho*, de Jessé Souza.

Em tempo de liberais no poder — uns honestos e outros meros ignorantes hipócritas se fazendo de —, sugiro a leitura do livro de Jessé.

Eu acho que pessoas de fé devem descansar de ler apenas a Bíblia, lendo outros livros. A aceitação de alguma verdade, até mesmo aquela que se crê ter sido inspirada pela fé, torna-se mais robusta quão maior é a cultura do convencido. Todos acreditamos nas nossas verdades, mas quem melhor conhece a verdade dos outros mais seguro da sua pode estar. Desconhecer nunca nos ajuda.

Andei, recentemente, lendo alguns trechos de autores conservadores; até a um vídeo de Olavinho de Carvalho eu assisti! E me foi muito útil; até para diferenciar os melhores dos piores. E, embora não seja tendência que me seduza, foi muito esclarecedor e bom conhecer.

Assim, sugiro a todos o livro do Jessé!

Abraço.

Em 29 de janeiro de 2019

> ILUSTRAÇÃO:
> FOTO JORNALÍSTICA DE BOMBEIROS TRABALHANDO NO MAR DE LAMA DESPEJADO PELA VALE SOBRE A CIDADE DE BRUMADINHO.

Esses servidores públicos não ganham nem 10% do que ganham vereadores, deputados, senadores, prefeitos, governadores, presidentes e juízes.

Eu, de minha parte, preferiria ver estas pessoas muito mais bem pagas do que aquelas. O serviço público no Brasil espelha o abismo da sociedade: também nele uma maioria imensa trabalha duro e ganha pouco, enquanto uma minoria pouco faz e ganha muito. Já seria injusto de todo modo, mas a injustiça fica insuportável quando sabemos que, ainda por cima, as elites nos roubam!

Nunca houve um projeto político no Brasil que visasse corrigir a desigualdade dentro do funcionalismo público. Nem o PT nunca o pretendeu. Muito menos ainda este governo de agora! Messias e seus filhos se beneficiaram recentemente do auxílio-mudança, assim como todos os novos eleitos, só para dar um exemplo. E de auxílios em auxílios, os poderosos enriquecem enquanto os outros trabalham.

Nada de novo. O filho do vice já foi promovido etc.

É muito pouco dizer o que digo daqui do conforto da minha casa, sentindo-me desconfortável por estar justamente aqui enquanto outros estão empenhados em salvar vidas. É realmente muito pouco. E eu me sinto obrigado a fazer mais! Mas nem no Brasil estou. Ao menos, me conforto por ter ganho a vida honestamente; na medida em que pode ser honesta a vida ganha em um mundo onde todo o negócio é desonesto, como é este nosso, do capitalismo industrial.

Mesmo sabendo que é pouco dizer o que digo, declaro a minha admiração e o meu respeito pelos bombeiros que estão trabalhando em BH. Compro assim um pouco de sossego para minha consciência, é verdade! Mas ao menos não escondo de ninguém as contradições que me oprimem e o sentimento atravessado de pertencer eu mesmo à elite, por nascimento e sorte profissional.

Ao menos, que a tristeza de toda essa desgraça sirva para nos fazer compreender que ecologia é tudo! E que a gente ganhe força para se opor a esta administração que se declara alheia à questão; lembrando que o PT também não foi nada atento aos cuidados para com o planeta; e foi erro nosso não termos feito pressão sobre ele.

Em 3 de fevereiro de 2019

ILUSTRAÇÃO:
CHAMADA DE MATÉRIA NO JORNAL *PÚBLICO*:
"Os ecrãs impedem os jovens de desenvolver empatia.
E as sociedades tornam-se 'brutais'."

Bom dia.

Sugiro a leitura da entrevista do neuropsiquiatra francês Boris Cyrulnik, no *Público* (jornal aqui de Portugal), concedida a Alexandra Prado Coelho. Trata de um assunto que atinge a nós todos, uma das urgências do nosso tempo.

Outro dia, assisti ao selfvídeo de um deputado do PSL no qual ele se queixava de uns críticos que teriam desaprovado uma viagem dele à China. É um selfvídeo longo, muito enfático, repetitivo, reiterativo. O selfvideomaker me pareceu muito empolgado consigo mesmo; fascinado, talvez, com a própria capacidade de articular ideias e se expressar para uma câmera. Ele se dirigia ao seu suposto público muito diretamente, com a franqueza de uma pessoa muito segura de si. Mas havia algo bizarro naquela situação. O que seria? Revi o selfvídeo e, então, me dei conta de que a imagem que aparece na tela quando nos self-filmamos é a nossa! A tela é um espelho; ela nos devolve a imagem que pretendemos lançar em direção aos outros. O deputado selfvideomaker

44 | DA POSSE DE JAIR MESSIAS ATÉ A "COMEMORAÇÃO" DOS...

ostentava sua eloquência diante de sua própria imagem! É a si mesmo falando que ele assistia enquanto falava! Narciso diante de ninguém mais! Então entendi a paixão selftesuda que animava aquele representante do povo — do povo que votou nele, ressalvo. É a si mesmo que ele admirava enquanto falava!

Cito este selfvídeo porque foi o que me calhou encontrar. Mas todos nós, self-falantes, nos deparamos com nós mesmos na tela que nos filma e nos exibe enquanto nos filmamos. Essa peculiaridade não é um detalhe inofensivo. Acho que o caráter bumerangue do selfvídeo é um dos atrativos das redes antissociais. Aqui forjamos nossa identidade no espelho e não diante de um do outro que reage a nós. Selfpúblico de nós mesmos, a nossa imagem sempre recebe bem o que estamos dizendo.

Bom domingo.

Em 12 de fevereiro de 2019

> ILUSTRAÇÃO:
> UM VARAL COM ROUPAS SECANDO.

Bom dia.

Antes de qualquer coisa: Respeito e admiração sem fim por Ricardo Boechat. Houvesse mais jornalistas como ele e a verdade não andaria tão desacreditada. Sempre achei que a objetividade na apuração dos fatos nunca dependeu de o jornalista esconder a opinião que tem. Ao contrário. Ricardo, com sua declarada opinião, era muito mais preciso no relato das notícias do que outros que se pretendem sem opinião. Fará imensa falta! Meu carinho aos familiares.

Agora: lavar a roupa não é só lavar. É pôr para lavar, recolher, separar, tirar os encardidos, colocar na máquina, tirar da máquina, pôr no sol, tirar do sol, separar, passar, dobrar e guardar no armário.

É uma tarefa que entrou tardíssimo na minha vida; e talvez por isso ainda me assombre.

Mas com ela aprendi que uma coisa é ser dono de um cachorro e ter quem cuide dele; outra é o próprio dono cuidar do seu melhor amigo. Uma coisa é ter um gramado e ter quem o corte; outra é cortá-lo você mesmo. Uma coisa é viver com pessoas a nosso serviço; outra é cada um cuidar de si sozinho.

Já falei muito sobre isso aqui e o assunto não cessa de me fazer refletir. A escravidão existe para livrar a pessoa do trabalho físico. Para nos desapegarmos dela, temos que aceitar fazer o trabalho físico; como o índio quando ainda não havia Brasil.

Gosto de pensar nisso, no índio e na sua liberdade por ser autônomo. Vou eu em um lento processo de me tornar mais índio, ou pobre. Ainda não faço tudo, mas já faço muito mais do que jamais fiz e fui educado para fazer. É uma pequena revolução pessoal. Mas, atenção: eu já não trabalho fora de casa tanto quanto antes. Não sei como conseguiria conciliar as tarefas domésticas e trabalhar em televisão e teatro. Faço a ressalva, embora eu hoje saiba que trabalhar fora não pode ser desculpa para não trabalhar dentro. Assunto do melhor.

O mais, que tanto nos ocupa, é o assalto ao Estado por esse grupo de políticos que está aí. Eles e seus comparsas das elites econômicas. Não todos; mas quase todos. Não fossem eles e teríamos tempo para nós. Gente chata!

Bom dia! Viva Ricardo Boechat!

Em 13 de fevereiro de 2019

ILUSTRAÇÃO:
CAPA DO LIVRO *HISTÓRIA DO POVO NA REVOLUÇÃO PORTUGUESA: 1974-75*, DE RAQUEL VARELA.

Nem bem comecei a ler e já me apresso em recomendar este livro, de autoria da historiadora Raquel Varela (de quem também estou lendo *Breve história da Europa*).

Uma das razões do meu interesse por Portugal foi por ter havido aqui a Revolução dos Cravos. Percebo-me hoje vivendo no país que aquela revolução ensejou. Portugal não seria o país que é se não tivesse atravessado o processo revolucionário de 1974. Mas também já não é hoje o mesmo daquele tempo nem moldou-se perfeitamente ao ideário — melhor dizer, aos ideários revolucionários de então. Eu sei pouco, muito pouco, sobre o que de fato aconteceu, mas sempre tive pela Revolução dos Cravos uma paixão inocente. Eu desejava que ela tivesse ocorrido no Brasil, num arroubo de romantismo adolescente que se criou em mim quando do seu advento.

Mas nada é simples como quer o desejo de liberdade de um jovem bem-nascido como eu. O caminho da humanidade é complexo e misterioso. Por isso eu estudo história. Sugiro, para quem gosta, conhecer o que foi a Revolução dos Cravos, seus desdobramentos, sucessos e frustrações. Raquel Varela dá-nos inspirada e inspiradora visão do processo revolucionário. Eu estou no começo do livro, mas antevejo que tratará de como um autêntico movimento popular, que ambicionou mudar a estrutura da sociedade, fracassou apesar de vitorioso, ou venceu apesar de fracassado. Do fundo do meu amadorismo, vejo semelhanças entre o que se passou em Portugal e o que agora se passa no Brasil. Não houve nas terras de Camões uma reação fascista à emancipação do povo como a que está em curso no Brasil; mas poderia ter havido, talvez, não fosse a entrada do país na União Europeia. Sei lá... Fica a sugestão do assunto e da leitura. E ficou em mim a compreensão de que os regimes fascistas de direita são uma reação às democracias quando a esquerda chega ao poder; assim como os fascismos de esquerda (desculpem a imprecisão do termo) são reação às democracias quando a direita se eterniza no poder. A diferença (para mim!) é que as democracias lideradas pela esquerda melhoram a vida de todos — ou assim o pretendem. Quando geridas pela direita, favorecem os donos do dinheiro e, quando muito, largam migalhas aos trabalhadores.

Impressões minhas, como um quadro de Monet. Tudo está ainda por ser estudado, debatido, conversado... Vivido, enfim.

Em 16 de fevereiro de 2019

> ILUSTRAÇÃO:
> UM MACACO PENSATIVO.

Pensando em voz alta:

Somos uma espécie gregária. A identidade de cada pessoa se constrói em sua relação com a identidade coletiva do grupo. Mas, como li em algum livro por aí, nosso cérebro só consegue classificar umas cem pessoas. Para além de cem, já não fazemos reconhecimento individual de quem sejam.

Vivemos hoje em grupos enormes, de milhões. Por isso, desconfio, procuramos formar grupos menores: torcidas organizadas, surfistas, artistas, militares, sindicalistas, naturalistas... diversos. Reconhecer os membros do grupo, e o grupo, é fundamental para sentirmo-nos seguros. E segurança é a função primordial do grupo, pois só unidos somos mais fortes que o inimigo externo.

Então me ocorre: há um equilíbrio a ser alcançado entre a identidade individual e a identidade coletiva; pois toda pessoa é si mesma, única, e, ao mesmo tempo, igual ao grupo a que pertence. Difícil equilíbrio de se obter. Quando a pessoa se encontra dominada pela identidade individual, ela perde capacidade de empatia e tende a se isolar numa solidão egoísta. E quando é a identidade coletiva que a domina, a pessoa se dilui no grupo e tende a se desresponsabilizar pelo que faz; quem está agindo é o grupo e não o indivíduo.

Bem, o fascismo é um desses momentos em que, tendo a sua identidade individual deprimida (pela humilhação econômica e/ou outras), a pessoa encontra reforço em uma identidade coletiva que a oferece alguém poderoso para ela ser.

Fanatismos políticos, apoiados na fé ou em ideologias, erguem-se sobre pessoas destruídas, simulando alguém para serem. Daí os discursos de empoderamento sobre-humano que pastores, políticos e chefes do crime organizado despejam sobre os seus fiéis.

Mas ter a sua identidade individual majoritariamente dependente da coletiva não aplaca a angustiante sensação de pequenez; a aumenta, em verdade. O centro da pessoa se desloca para fora dela mesma; produzindo insegurança tremenda; afinal, quem se é depende de algo que não está dentro.

Pessoas com a personalidade fragilmente estruturada não se deixam influenciar nem pelo argumento mais convincente pois temem se diferenciar do coletivo que as identifica. Por isso são fanáticas na defesa da identidade coletiva sobre a qual se sustentam. Sejam vascaínos ou flamenguistas, corinthianos ou santistas, cruzeirenses ou atleticanos... dá no mesmo. Precisam ser torcedores para saberem quem são. Solidão nenhuma.

Vivemos hoje no Brasil — e alhures — o massacre exercido por identidades coletivas sobre identidades individuais; estas, previamente massacradas por uma organização social que as exclui ou diminui, ao menos.

O prometido extermínio dos desfavorecidos brasileiros, alguns capturados para a criminalidade por desespero existencial, já está em curso no Brasil. E a inocência dos que farão o massacre já foi proposta por Sérgio, o paladino, a mando de Messias; pois o excludente de ilicitude nada mais é do que o decreto da inocência prévia de assassinos. (Do mesmo modo que a jurisdição da justiça militar sobre crimes cometidos por militares contra civis; herança macabra de Michel Temer.) Sob pretextos inconsistentes por serem absolutamente subjetivos — agir sob forte emoção, como lá se pode provar que alguém agiu ou não sob forte emoção? —, Sérgio, em verdade, pretende descriminalizar assassinatos que serão cometidos impessoalmente por pessoas dominadas por suas identidades coletivas, fanáticos.

O jovem na porta do supermercado Extra foi assassinado e foi o coletivo ao qual pertence o assassino que o matou. E ninguém precisa se sentir culpado desse modo. Ninguém é alguém. Todos são todos, idênticos; ninguéns quando lhes convém ser, portanto.

A autoridade militar tem por finalidade produzir um exército de pessoas que não são responsáveis pelo que fazem; apenas cumprem ordens. Interessa ao poder arregimentar precárias identidades individuais abrigadas em poderosas identidades coletivas. Estas aceitam mais docilmente o comando. Assim funcionava o nazismo, o stalinismo, a Ku Klux Klan, o crime organizado nas favelas atualmente, as máfias de sempre etc. Assim hoje funciona o Brasil.

Em 20 de fevereiro de 2019

O tempo é escasso, e a tarefa da vida, muito exigente. Quem depende de si mesmo para prover a si e aos seus gasta todo o tempo que tem nessa tarefa. Horas a caminho, horas no trabalho, horas atendendo a burocracia, horas adoecendo, horas se curando, horas tentando descansar de tanta preocupação... E ainda é preciso amar e cuidar dos filhos.

Que tempo sobra para a pessoa fazer política? Nenhum! E assim a política fica entregue aos políticos. Eu estou convencido de que falta de tempo é uma das razões que nos faz reféns dos políticos.

Precisamos, portanto, encontrar tempo para fazermos política também. E esse tempo ou será subtraído de nossa vida pessoal ou do trabalho. Acho mais justo que seja o trabalho a nos ceder esse tempo, que será assim um tempo remunerado.

Sugiro quatro exigências pelas quais, na minha opinião, deveríamos nos empenhar:

1) Duas horas semanais para fazer política dentro da carga horária.
2) Formar conselhos de empregados para atuarem junto à administração das empresas no interesse do negócio comum.
3) A instalação de creches dentro das empresas para crianças em idade pré-escolar.

4) Facultar alguma redução da jornada de trabalho para pais de filhos menores de idade.

Conseguir tempo remunerado para fazer política é fundamental para que possamos fazer política; e, assim, resgatar o poder da mão dos políticos.

Mas devemos ter cuidado para não nos tornarmos políticos profissionais também. Manter o poder sempre no coletivo e nunca em líderes me parece essencial para não corromper a atuação política com a ambição doentia de poder para si. Que lideranças sejam sempre transitórias, específicas e pontuais; e ninguém se apegue a cargos e títulos.

Minha sugestão. Alguém tem outras?

P.S.: Mas já existem os sindicatos, dirão alguns. Estou falando de algo infinitamente menor que um sindicato. Estou falando de dar poder ao átomo. Acredito que apenas átomos autônomos formarão um organismo complexo democrático.

"*Power to the people*", John e Yoko. *People* é a palavra em inglês para dizer povo, mas é também o plural de pessoa. Para mim, a melhor tradução é a última. Poder para as pessoas, então!

Em 24 de fevereiro de 2019

ILUSTRAÇÃO:
CHAMADA DE ENTREVISTA CONCEDIDA AO JORNAL
EL PAÍS BRASIL POR RICHARD STALLMAN:
"A democracia precisa de heróis como Snowden."

Bom dia.

Sugiro a leitura da entrevista com Richard Stallman, fundador do Movimento Software Livre. Tudo o que ele diz e faz é muito interessante. Richard devota, certamente, um amor incondicional à liberdade, que é o mínimo que ela merece.

A entrevista nos revela o quão prisioneiros da tecnologia de comunicação estamos hoje; o quanto aquilo que nos é apresentado como um lugar para a nossa expressão é, na verdade, uma estrutura a serviço do comércio de bens e do controle das ideias. Muito grave. Sugiro a leitura e a pesquisa sobre o que é o software livre.

Outro assunto: sugiro conhecer o site Terça Livre, que me foi indicado por um colega daqui. É revelador do desejo de validação científica, através da chancela acadêmica, que movimentos de direita almejam. Assunto muito relevante, eu acho. A direita se queixa de o pensamento social estar dominado por pensadores de esquerda e reage buscando certeza científica para as concepções que difunde. Tal movimento é político, profundamente organizado, financiado por simpatizantes e tem sua maior expressão no projeto Escola sem Partido. Convém conhecer e julgar. O que diz a ciência social de direita tem rigor científico ou é conversa vazia apenas manifesta no linguajar acadêmico? A mesma pergunta devemos fazer sobre o que nos diz a esquerda. Eu, de minha parte, ainda considero a visão da história de Marx tão precisa quanto a visão da física de Einstein. Não sou comunista, mas acredito nas curvas do universo.

Mas, como digo: cada um que pense por si. As ideias estão postas. Sejamos severamente críticos sobre o que nos dizem e cheguemos à nossa própria conclusão. Pensar é melhor do que não pensar, sempre. Apenas tenhamos cuidado com os fatos. Sobre premissas falsas apenas o equívoco se erguerá. Portanto, convém ser cuidadoso na percepção da realidade.

A pobreza imensa das pessoas e a destruição do planeta são fatos evidentes para mim. E são o resultado do radicalismo do interesse do comércio inconsequente que domina toda atividade humana atualmente. Por isso, sou de esquerda. Mas não apenas. O mundo de justiça social que desejo, eu não sei exatamente como chegar nele nem como ele é. Mas sei que o desejo.

Alguém sabe como chegar lá?

Em 2 de março de 2019

ILUSTRAÇÃO:
JESUS CRISTO PINTADO POR EL GRECO, EXPOSTO NO
MUSEO DEL GRECO, EM TOLEDO.

O Deus do amor é Cristão.

Foi Jesus quem disse que todos eram filhos do pai dele; que não havia um povo escolhido.

Tenho enorme respeito por religião, e pelo judaísmo, certamente. Mas o Deus descrito no Antigo Testamento tinha uma relação de maior complexidade com a sua criação. Aborrecia-se com ela, zangava-se, a punha sob prova. Fez vir o dilúvio, destruiu cidades e pediu a um pai que matasse o próprio filho — não o deixando, entretanto, concluir o assassinato.

Jesus tinha outra compreensão do seu Pai e nos ensinou que Ele era puro amor.

Eu não tenho religião alguma e, por isso, respeito todas. Até porque todas as religiões são criações do ser humano. Deus não precisa de religião, uma vez que, caso Ele exista, pode revelar-se como quiser, para quem quiser. Se Deus quisesse que Dele houvesse apenas uma única compreensão, Ele teria feito ser assim. Se deixa haver tantas, é porque deve achar bom que assim seja. Eu fico com Deus, interessado em todos os modos de o ser humano se religar a Ele.

Mas por que venho falar de religião justo no meio do carnaval? Por conta do escândalo que está sendo a ocorrência de manifestações agressivas a Lula por ocasião da perda familiar que ele sofreu. E essas manifestações brutais vêm daqueles que se dizem cristãos. Dizem-se, mas o Deus que adoram é o poder e o dinheiro que o poder possibilita ganhar. A religião deles é falsa.

O ódio ao socialismo, a devoção à família e à pátria, a demonização da pessoa de Lula e tudo o mais são elementos de uma manobra para se apossarem das riquezas do país; é um movimento de ascensão social através de cargo público. Os crimes deles — laranjas, milícias, agressões a jornalistas etc. — já estão evidenciados. Resta ver se serão investigados. Esse ataque a Lula, nessa hora, faz parte de uma estratégia para chegar ao poder. "Muitos falarão em meu nome", disse o Deus do amor. É a estes falsos profetas de agora que ele se referia, na minha opinião.

Eu já não apoio o PT, como já disse. Nem faço defesa intransigente de Lula. Mas esta covardia de agora não pode ser assistida em silêncio.

Deixem a família da criança em paz. Este é um assunto privado deles. Respeitem a morte. Calem-se! Digo, sabendo que o meu grito não tem força de produzir nenhuma realidade. Mas digo. Por respeito a Jesus Cristo, eu digo: calem-se!

Em 5 de março de 2019

ILUSTRAÇÕES:
CHAMADA DE MATÉRIA NO JORNAL
FOLHA DE S.PAULO:
"Dirigente do PT acusa PM de quebrar seu braço."

FOTO JORNALÍSTICA EM QUE TRÊS POLICIAIS
APRESENTAM A JORNALISTAS O BEBÊ RECÉM-NASCIDO
QUE RESGATARAM DO ABANDONO.

CHAMADA DE MATÉRIA NO JORNAL *EL PAÍS BRASIL*:
*"As cifras de suicídios entre policiais revelam
o calvário dos homens de farda."*

Três notícias sobre a polícia.

Na primeira, ação criminosa de covardes escondidos sob a farda; na segunda, policiais salvam a vida de uma criança; na terceira, reportagem sobre o abalo emocional que castiga os policiais e o desprezo que a própria instituição tem por eles.

Todo Estado depende da sua polícia para zelar pela democracia. No entanto, quando o Estado é dominado pela desonestidade dos políticos, as polícias, de guardiões que seriam da liberdade, passam a ser os algozes dela.

As polícias no Brasil encontram-se reféns dos interesses de uma mínima elite econômica que controla a administração pública através dos políticos que corrompe. É, portanto, uma polícia orientada a proteger o poder e não o povo. Por isso atrai para os seus quadros aqueles já com inclinação para os abusos de poder. E a estes condecora e promove. O bom policial dificilmente terá caminho profissional numa estrutura que tem a sua função social corrompida pela desonestidade da política. O uso político da nossa polícia, reforçado por tantas ditaduras ao longo da história, é a razão de ela ser ineficiente, abusiva, violenta, agir ilegalmente e, por isso tudo, fazer sofrer o homem de boa índole que se acha aprisionado dentro de uma farda.

Os conservadores messiânicos na gerência atual alardeiam que a pátria deve voltar a ser amada. (Como se o amor só fosse amor quando identificado com o ideal político deles!) Mas como podemos amar uma pátria que não nos ama? Pertencer a uma pátria é reconhecer-se unido a outros por vínculo de sobrevivência! Somos uma pátria porque juntos lutamos contra as forças da morte. Mas quando a polícia, em nome da pátria, quebra o braço de um homem que tem sob a sua custódia — vejam o vídeo —, ela nos rouba o patriotismo. Não nos podem pedir que amemos uma pátria que nos fere.

E o policial de bom coração, pobre como o dito inimigo que o mandam combater, descobre-se numa guerra que atende aos interesses da mínima elite brasileira. Traído em sua vocação, o bom policial sofre as consequências psicológicas da falta de sentido que há em lutar contra si mesmo, e, em alguns casos, se mata.

Não ouço da administração atual, muito menos de Sérgio, o paladino, uma única palavra de preocupação para com o uso político da polícia.

Em 5 de março de 2019

> ILUSTRAÇÃO:
> CHAMADA DE MATÉRIA DE JOAQUIM CARVALHO NO
> JORNAL *DIÁRIO DO CENTRO DO MUNDO*:
> *"Exclusivo: Dallagnol comprou apartamentos
> construídos para o Minha Casa Minha Vida."*

Sugiro a leitura da matéria. E, principalmente, da entrevista com Dalton, no final. Ele agiu corretamente ao responder; não fugiu às perguntas, foi simples e sincero. Ok. Mas fica claro que, mesmo não havendo ilegalidade, fazer dinheiro com a pobreza dos outros não é decente. Muita coisa no Brasil é legal, mas é imoral. Se a construtora se valeu de linhas de crédito destinadas ao projeto Minha Casa Minha Vida, os imóveis deveriam ser obrigatoriamente vendidos àqueles a quem o programa se destina: os muito pobres. Permitir que sobre esses imóveis se possa fazer investimento especulativo é dar destinação diferente daquela que justifica os recursos subsidiados que a construtora tomou.

Há muitas situações assim no Brasil. Brechas na legalidade que deixam ser legais ações imorais. O auxílio-moradia, que Dalton também recebe, garantido por lei mesmo para quem tem casa própria na cidade onde trabalha, é uma dessas imoralidades legalizadas.

Dinheiro, todos queremos ganhar. De que modo construir uma economia em que todos possamos ganhar dinheiro sem tripudiarmos uns aos outros é a questão para a qual ainda não temos resposta. Quem acha que tem deixa de se perguntar qual seria, e passa a agir em conivência com a injustiça absoluta de tudo.

Dalton participa de um grupo de pessoas que se diz determinado a moralizar o Brasil. Bom que o faça, mas deve começar com um exame de consciência. Realmente, especular com imóveis possivelmente acessíveis para beneficiários do Minha Casa Minha Vida não me parece nada cristão.

Estes entusiastas adoradores de hoje em dia têm uma estranha compreensão da mensagem divina.

P.S.: Estou amando este carnaval! Muita verdade sendo dita no meio da folia! Verdadeira festa da carne!

Em 7 de março de 2019

TRANSCRIÇÃO DE VÍDEO
COM TRECHO DE ENTREVISTA CONCEDIDA POR
LEANDRO VIEIRA, CARNAVALESCO DA MANGUEIRA,
CAMPEÃ DO CARNAVAL DE 2019 COM O ENREDO
HISTÓRIA PARA NINAR GENTE GRANDE:

Leandro: *A Mangueira é uma escola que faz carnaval para representar uma comunidade importante. Fazer esse carnaval da Mangueira é fazer um carnaval de representatividade. Esses homens e essas mulheres aqui são os heróis do meu enredo, que merecem sempre ser exaltados. Aqui mora o que tem de melhor nesse país. E o que tem de melhor nesse país faz essa festa que o mundo todo aplaude.*

Jornalista: *Os heróis da resistência, como você falou?*

Leandro: *Exatamente. Aqui todo mundo está vindo porque resiste. Se fosse por outros motivos, ninguém aqui dava em nada.*

Jornalista: *É um recado político para o país todo?*

Leandro: *É um recado político para o país todo que tem que entender que isso aqui é importante. É um recado político também para o presidente mostrar que o carnaval é isso aqui. O carnaval é a festa do povo.*

> *O carnaval é cultura popular. O carnaval não é o que ele acha que é. O carnaval é isso, e ele devia mostrar para o mundo o carnaval da Mangueira. O carnaval da arte, o carnaval da luta, o carnaval do povo.*

Humildemente, eu cumprimento a campeã, e todas as escolas, e blocos, e bailes, e fantasias! Este está sendo um grande carnaval!

Entre tantas maravilhas do enredo da Mangueira, me parece importante ressaltar a valorização da ciência da história! "Deixa eu contar a história que a história não conta." Faz parte de todo projeto autoritário reescrever a história; apagar o que a contradiz e forjar o que a confirma. A história tem sido escrita sempre pelos poderosos, pelos ricos, pelos vitoriosos; e adaptada à memória que lhes interessa preservar. O samba é a voz profunda do Brasil que as elites querem manter calada. Carnaval é política. O jeito brasileiro de fazer política. A política não pode ficar confinada às negociatas parlamentares, às intrigas entre os poderes. A política não é atividade exclusiva dos políticos. De modo algum! A política é atividade cultural do povo. Votar é apenas um momento da política. Um povo unido faz política todos os dias. Viva o carnaval, festa da nossa melhor política. Parabéns para a Mangueira! Não caibo em mim de tanto orgulho de ser brasileiro!

P.S.: Em referência à publicação por Messias de um suposto ato imoral em local público.

Gerente do Executivo não é xerife de costumes. A sociedade cuida de si mesma; se autorregula. Quem desorganiza a sociedade não é o carnaval; é a ambição desmedida do comércio de tudo. Candidato ao emprego de gerente do Executivo deve cuidar apenas da tarefa que lhe cabe: executar a administração da máquina pública de acordo com a lei e as políticas que propôs, depois de elas serem temperadas pela negociação no Congresso. Uma das desonestidades do projeto messiânico atual é se oferecer como uma revolução de costumes. Não é direito que ele tenha. Foi eleito um gerente do Executivo apenas e não um reformador da alma nacional. Fosse outro o eleito que se arvorasse essa pretensão, e a minha opinião seria a mesma. Ninguém deu procuração para Messias implementar uma revolução cultural ao estilo maoista. O Brasil não precisa de líderes; precisa de bons funcionários. Imagino que os eleitores de Messias estejam ansiosos por serem liderados e verem o país adequado ao gosto deles. Mas a democracia não se presta ao monopólio da vontade de grupo algum. Só movimentos autoritários podem servir a projetos de vontade única.

Numa democracia, o que nos lidera é a nossa cultura. Está aí o carnaval para nos politizar! Amém!

Em 17 de março de 2019

> ILUSTRAÇÃO:
>
> A BANDEIRA DO BRASIL.

O amor pela pátria é uma derivação do amor pela família; e este, do amor original, que é o amor por si mesmo.

Acabo de assistir a um filme americano cujo enredo mescla a defesa da pátria com a da família. O herói, em uma mesma aventura, luta para salvar o presidente dos EUA e a filha (do herói) de terroristas que invadiram a Casa Branca; e evitar um involuntário ataque nuclear, é claro. É um filme igual a muitos que os americanos fazem sobre o tema; tão igual e tão ruim como tantos, mas capturou a minha atenção e mesmo me comoveu com a vitória do amor sobre o mau sentimento dos terroristas. É impossível escapar ao apelo de algo tão instintivo em nós: o amor pelos filhos e o patriotismo dele derivado.

Quando o movimento conservador populista messiânico se apossa da bandeira, e da ideia mesma de Brasil, é desta emoção de amor tão primeiro que ele está querendo se apossar e ser o representante. Ao associar-se ao patriotismo, associa-se também à família; e, ao mover-se por dentro do amor familiar, enaltece a individualidade de quem assim ama; e fortalece o ego do amante, a quem confere poder, correção moral e desprendimento. Para se atrelar a força imensa da identidade entre pátria e família, é que o projeto elitista se disfarça a um só tempo de patriotismo e conservadorismo nos costumes; e assim forja os populismos. O liberalismo como proposta para a economia é a valorização do indivíduo como agente único do seu destino. Delegam valor absoluto à meritocracia e propõem o empreendedorismo como se o drama social brasileiro não impusesse circunstâncias constrangedoras à ação individual. Por ser, em tese, o modelo de sociedade que respeita a liberdade do indivíduo, o liberalismo igualmente respeita a família e, consequentemente, a pátria.

Seria lindo, como no filme, não fosse mentira, como o filme. No mundo real, o país não é o mesmo para todos. A uns, o país trata bem, os deixa enriquecer por gerações sucessivas; e a outros, nega qualquer chance de uma vida digna. Quem está perto da miséria não tem capital para empreender nem tempo para se instruir. Precisam de políticas públicas que lhes atenuem as opressões.

Grupos que se declaram patrióticos, na verdade, organizam o país para benefício próprio. Os fatos já conhecidos dos que estão atualmente no poder revelam o interesse de enriquecimento que os guia.

O internacionalismo do projeto comunista (muitas vezes, ele também um instrumento de poder para outro tipo de elite) é o natural inimigo do nacionalismo radical; por óbvio. Tudo mentira.

Em 23 de março de 2019

> ILUSTRAÇÃO:
> CAPA DO LIVRO *INTELECTUAIS MEDIADORES*,
> ORGANIZADO POR ÂNGELA DE CASTRO GOMES E
> PATRÍCIA SANTOS HANSEN.

Bom dia.

Uma pausa nas urgências da vidinha política para tratar de assunto mais eterno.

Sugiro, para quem gosta de história e das questões da história, este livro. Ele trata de um assunto que me é muito caro.

Eu não sei bem de que modo se constroem as opressões sociais que pesam sobre nós. Elas são muitas. De raça, gênero, sexualidade, religiosidade, nível de escolaridade... Esta última é o assunto do livro que recomendo.

Faz parte do projeto da extrema direita, mundo afora, desprezar o trabalho intelectual e, em seu lugar, enaltecer uma pretensa simplificação das questões. Capturam assim para o domínio da pessoa leiga a autoridade sobre as decisões coletivas, uma vez que elas não estariam mais condicionadas ao que delas dizem a ciência e os intelectuais que a dominam.

Saber é poder, sempre, pois é o saber que orienta e suporta as nossas decisões. A supremacia do saber científico sobre outros modos de saber faz parecer que todo o saber é científico; e que, portanto, todo o poder deve estar com os intelectuais cientistas e nas academias onde eles se reúnem. É uma das mais severas opressões que pesam sobre nós. Eu, que não tenho formação acadêmica alguma, já sofri tentativa de ser oprimido em razão de ser ignorante.

O livro, organizado por Ângela e Patrícia, é uma oposição da própria Academia ao abuso de poder da Academia. Ao reconhecer o fazer intelectual fora da ciência, devolve ao povo a autoria do seu saber — sem, no entanto, para isso, ter que menosprezar a complexidade dos assuntos, como advogam os extremistas populistas nacionalistas fascistas de direita.

É obra de grande valor, na minha opinião. Produz liberdade ao suspender opressão de um tipo de intelectuais sobre outros. Toda pessoa que pensa, e comunica o que pensou, produz saber intelectual, seja um cientista ou apenas um curioso.

Liberdade autêntica, e não essa falsificação de liberdade prometida pela mentirosa simplificação das questões que a extrema direita promove e que autoriza qualquer aventureiro a pleitear liderança política. Colocar a ignorância no poder é uma tática das elites econômicas para mais facilmente controlarem o Estado. Bom fim de semana.

Em 27 de março de 2019

> ILUSTRAÇÃO:
> CHAMADA DE MATÉRIA NO SITE BBC NEWS BRASIL:
> *"O drama das pessoas com mais de 50 anos que passam a noite na fila e saem sem trabalho do Mutirão do Emprego."*

Sugiro a matéria no site BBC News Brasil; uma fonte muito confiável de informação, na minha opinião. A reportagem relata a imensa dificuldade que pessoas mais velhas têm para conseguir um emprego.

Quando nos acontece de estarmos ganhando dinheiro — por sorte, competência ou ambas —, a máquina do negócio do mundo nos parece fazer sentido e estar funcionando a contento. Sentimo-nos bem, atuantes, vitoriosos. As pessoas ao nosso lado, que, porventura, não estejam ganhando dinheiro como nós, são elas mesmas responsáveis pelo problema delas. Afinal, se nós encontramos um lugar na máquina do negócio, por que elas não haveriam de encontrar também? Faltam-lhes empenho, formação ou sorte, dizemos.

Mas quando, seja pela razão que for, nos acontece de deixarmos de ganhar o dinheiro que vínhamos ganhando antes, a máquina do negócio do mundo já não nos parece tão razoável. Sentimo-nos então impotentes, vítimas de injustiça, perseguidos. E se a nossa desgraça perdura, já não vemos sentido algum no funcionamento do negócio do mundo. E passamos a colocá-lo em questão.

Eu já me encontrei nas duas situações. Nos bons anos, embora permanecesse crítico ao capitalismo (único regime sob o qual tenho vivido), o negócio do mundo me parecia lógico, ainda que injusto. Depois, quando, já longe da juventude, me vieram outros anos de dificuldade, o mundo inteiro se me configurou absurdo! Não havendo encontrado caminho que me conduzisse novamente ao negócio do mundo, eu me percebia em um labirinto sem saída.

O desemprego é enlouquecedor. Ter força e não ter trabalho onde empregá-la não faz sentido para pessoa alguma; é um nonsense existencial. O organismo mesmo não se entende nesse desperdício da sua energia.

Os habitantes deste nosso lugar quando ele ainda não se chamava Brasil não conheciam o desemprego nem, tampouco, o emprego. Toda pessoa trabalhava para si mesma apenas, em harmonia com a comunidade. Mas, para vivermos todos nós com todos os confortos contemporâneos, dizem-nos que apenas o modo industrial de produção de bens pode nos prover. E ele traz consigo o desemprego que lhe é estrutural, como as ciências sociais já descreveram para além de qualquer dúvida.

Não é possível haver paz num mundo onde o desemprego é um dos componentes do processo produtivo. Por mais que se criem mecanismos de proteção para o trabalhador — e o país, desde o golpe contra Dilma, vai na direção oposta —, ainda assim, sempre será injusto.

Justiça social é não haver desemprego! Não porque todo mundo esteja empregado, trabalhando miseravelmente para alguém; mas porque todos estarão trabalhando para si mesmos.

Como se vê, é preciso imaginar uma outra economia. Qual? Não sei. Mas sei que ela surgirá a partir de uma outra ideologia. A minha ideologia é a ecologia, na compreensão que dela nos oferece frei Leonardo Boff, exposta em seus muitos livros, entre os quais: *Ecologia, mundialização, espiritualidade; Ecologia: grito da terra, grito dos pobres;* e *Saber cuidar.*

Em 27 de março de 2019

> ILUSTRAÇÃO:
> CHAMADA DE MATÉRIA NO JORNAL *EL PAÍS BRASIL*:
> *"Brasil tem a maior concentração de renda*
> *do mundo entre o 1% mais rico."*

A unidade da economia é a pessoa. Quando nascemos, nasce ao mesmo tempo um consumidor e um trabalhador, que coabitam na usina de energia que é o nosso corpo.

Num hipotético equilíbrio social perfeito, cada pessoa consumiria tudo o que a sua energia produzisse. Não haveria sobra nem falta, salvo algum desastre natural. É assim que vivem os bichos.

Mas a vida não é ideal. O advento da razão introduziu uma poderosa variante na equação da natureza. Por dentro do processo civilizatório, a sociedade se organizou baseada na apropriação da produção de muitos por uns poucos.

Trabalhadores são aqueles que não consomem tudo o que a sua energia produz. Capitalistas são aqueles que consomem muito mais do que a energia que produzem.

(Milionários não teriam energia suficiente sequer para manterem limpos todos os seus banheiros. Precisam se valer da energia dos seus empregados.)

Enriquecer é se apropriar da produção de outros.

Por que funcionamos assim? Não sei dizer. Talvez a longa infância das crianças humanas, sobrecarregando os pais, que precisam ceder para elas uma parte considerável do que produzem, tenha feito surgir na mente do primeiro futuro milionário a ideia da empregada doméstica. Mas não sei. Falta escavar muito sítio arqueológico para descobrir.

O que sei é que justiça é cada pessoa viver daquilo que produz com a usina de energia do seu próprio corpo e só.

O quanto de conforto poderíamos nos proporcionar desse modo, eu não sei. Olho para o nativo brasileiro, retratado ainda em sua liberdade, e não o percebo em nada desconfortável. Já quando olho para a gente nas casas precárias, nos ônibus lotados ou sob a ameaça do golpe de um policial, é evidente o desconforto em que estão.

Mas os pouquíssimos riquíssimos das nossas elites habitam casas amplas, andam em carros novos e não apanham da polícia. Eu sei. Sou um deles. Olhando para os ricos, o único desconforto no qual os percebo é o de se saberem beneficiários da injustiça social. Mas o mundo oferece muitas explicações convincentes e convenientes para quem quer se alienar. Aí estão todas as teorias da economia.

Se não é possível haver níveis tão elevados de conforto para todos, compartilhemos igualmente o conforto que é possível termos. Ecologia. Diferente disso, é escravidão.

Minha opinião.

Em 29 de março de 2019

> ILUSTRAÇÃO:
> JAIR MESSIAS PRESTANDO CONTINÊNCIA.

Não havia, no início dos anos 1960, ataque armado à ordem pública por parte das pessoas de esquerda. Nenhum! Havia o desejo de aplacar a histórica desigualdade social brasileira; uns com umas sugestões socialistas, outros comunistas, outros nada disso etc. E havia, como sempre há, uma enorme resistência dos ricos, e dos que querem ser ricos, contra as mudanças sociais que inviabilizariam o desejo de riqueza deles, riqueza só para eles e ninguém mais.

A tortura e os assassinatos cometidos por integrantes das Forças Armadas e polícias depois de 1964, amplamente documentados, são agressão original. Foi para proteger as classes alta e média, esta sempre esperançosa de migrar para aquela, que foi dado o golpe civil-militar de 1964. Havia tensão social, mas perigo algum de se instalar um regime comunista no país. Os que realmente o desejavam eram muito poucos. Os apaixonados pela justiça social, estes sim, eram muitos.

Quando alguns militares justificam os atos de incivilidade com que a ditadura perseguiu e matou opositores perguntando, com ares de injustiçados, pelos atos de guerrilha cometidos pelas esquerdas, fazem parecer que esses atos foram anteriores à brutal repressão implementada por eles. E não foram. A luta armada foi uma reação ao golpe dado pelas Forças Armadas. Uma modesta reação, inclusive; empreendida, geralmente, por jovens sem nenhum treino militar. Foi uma reação ao estado de exceção, ao fechamento do Congresso, à instauração da censura, ao AI-5, ao sequestro ilegal de pessoas, à tortura e tudo o mais.

A minha família é de militares. Tenho alguns marechais poucas gerações acima. Mas o meu sangue nunca fez derramar o sangue de nenhum brasileiro.

No começo do mundo, todo mundo era militar; não havia distinção entre Estado, religião e exército. Toda pessoa era um guerreiro e todos os indivíduos de uma nação adoravam os mesmos deuses. Mas progredimos. Inventamos a política; separamos o Estado da religião e do exército. Pusemos a negociação acima do conflito, a razão como antagonista do mistério e a cordialidade no lugar da violência. Hoje, o Estado é democrático e laico.

Forças Armadas não podem se intrometer na política justamente porque são as únicas forças da sociedade que, por lei, estão armadas! Estar armado implica não interferir na política pois que arma não é argumento, é imposição. Não que o cidadão que é militar não possa se envolver em política. Claro que pode. Todos podem. O que não pode é a força enquanto força, e armada, usar o poder de estar armada para fazer valer à força a vontade política dos seus comandantes, como fizeram em 1964. Dizer que foi em nome da estabilidade, que foi o povo que quis... Mentira. Se o povo quisesse um governo de direita, não teria votado no vice-presidente do Partido Trabalhista Brasileiro nem lhe restituído integralmente os poderes no plebiscito de 1963.

Em tese, se o Brasil democraticamente se decidir por um sistema socialista de organização do Estado, é obrigação das Forças Armadas continuar cumprindo a sua função, que é evitar, a todo custo, um conflito armado; e não iniciar um, em apoio aos que perderam as eleições. O único sentido de uma sociedade manter uma Força Armada profissional, no lugar de estarem armados todos os seus cidadãos, é que nunca ninguém faça uso da força; sobretudo, aqueles em comando da força que está armada. Se fizerem, é ditadura.

Em 31 de março de 2019

> ILUSTRAÇÃO:
> CHAMADA DE MATÉRIA NO SITE BBC NEWS BRASIL:
> *"55 anos do golpe militar: a história dos 6,5 mil militares perseguidos pela ditadura."*

O site BBC New Brasil nos conta sobre os mais de 6 mil militares que os militares golpistas de 1964 perseguiram. Leitura muito reveladora.

Quando alguns militares falam referindo o que dizem como sendo o pensamento do exército, escondem a verdade de que, por conta da obediência à hierarquia militar, no exército só quem fala são os comandantes. Quem deu o golpe não foi o exército, se o compreendermos como a totalidade de todos os militares. Quem deu o golpe foi um muito reduzido número de comandantes do exército que ordenaram a seus subalternos que agissem conforme a ordem dada de dar o golpe. Um grupo pequeno de pessoas a quem a hierarquia militar confere um poder absoluto sobre o enorme contingente militar. Mesmo assim, mais de 6 mil resistiram. Como diz a matéria, havia no exército quem nunca apoiou o golpe. E foram perseguidos. Não deixem de ler.

Eu creio que há pessoas muito melhores no exército do que aqueles que deram o golpe e depois montaram gigantesca estrutura ilegal de repressão ao povo brasileiro. Dizem que o fizeram para atender ao clamor popular, mas não convence. Havia uma democracia funcionando. O clamor popular foi manifesto pelo voto. Duas vezes. Primeiro, quando da eleição de João Goulart para vice-presidente em 1960; e depois, quando da decisão do plebiscito de 1963 que restituiu o presidencialismo por vontade de mais de 80% do eleitorado. Ambos os votos foram desrespeitados pelo golpe militar de 1964.

Incontestável. Indefensável. Inesquecível. E incomemorável.

Bom domingo.

Em 31 de março de 2019

> ILUSTRAÇÃO:
> CAPA DO LIVRO *BRASIL: NUNCA MAIS*, PREFACIADO E ORGANIZADO POR DOM PAULO EVARISTO ARNS.

Bom dia.

Basta ler o livro. Este e todos os outros que houver. E também ler jornais, ouvir boa música, ir a museus, rodas de samba, praticar esportes, ir à praia, caminhar... Olhar para o mundo que existe fora deste retângulo luminoso.

Aqui, nessa tela onde você me lê agora, a realidade disponível é determinada por quem construiu a tecnologia e controla o seu uso. Aqui, somos conduzidos a nos reunirmos em grupos homogêneos, nos quais só se diz o que gostamos de ouvir.

Somos atraídos para essas redes antissociais pela oferta de pornografia, curiosidade pela vida alheia e pela oportunidade de nos darmos a conhecer. Cada like é o afago de um estranho a quem julgamos ter causado uma boa impressão. Numa sociedade que limita a participação nas decisões coletivas ao singelo ato de votar, uma máquina que nos desse ilusão de poder sobre nossas vidas haveria de ser um enorme sucesso. E está sendo.

Sou ator e me aconteceu de ficar muito famoso. Conheço a sedução de me sentir poderoso. E sei o quão falso é o poder que a notoriedade nos confere. O poder de fato está com aqueles que dominam os meios de produção; que são os mesmos para quem trabalha a classe política (quase toda), remunerada através da corrupção. A nós, todos os outros, oferecem a droga alucinógena das redes antissociais. E ainda nos dizem que é de graça!

Para saber onde está o poder real, basta perguntar quem é que contrata e quem é contratado; quem é que demite e quem é demitido. Aqueles, mandam; estes, quando podem, se rebelam.

Amigos desta praia seca, onde o sol não bate nem o vento sopra, reuni em livro os textos que compartilhei aqui. Se alguma editora se interessar, estará nas livrarias em breve. Queria agradecer, do fundo do meu coração, a amizade que me foi oferecida por vocês. O melhor foi ler os comentários e conhecer tanta gente de valor. Vocês me encheram de esperança na hora mais difícil. Obrigado.

Acho que esta conta de Instagram cumpriu a sua função: ser subversiva ao próprio Instagram.

Sobre a urgência de salvar o Brasil, tudo está declarado. A falência e a falácia do projeto messiânico, personificado em Jair Messias, evidenciaram-se antes do esperado. Os indícios de crimes são fortíssimos, e as irresponsabilidades administrativas, evidentes. Mas eles estão no controle do Executivo. É muito poder em mãos irresponsáveis. Cabe a nós perseverar na resistência.

A luta continua.

Da eleição de Jair Messias até as vésperas da posse

29 de outubro de 2018 a 26 de dezembro de 2018

Capítulo 7

À espreita, assistindo ao reino da incivilidade se instalar no Brasil

Em 29 de outubro de 2018

Jair Messias é declarado eleito presidente do Brasil.

> ILUSTRAÇÃO:
> TELA PRETA.

Políticos, quase todos, e seu vício doentio pelo poder, e seu descaramento em roubar, destruíram a política; e entregaram o país nas mãos da não política de extrema direita.

A política é atividade natural de entendimento das pessoas; não deveria pertencer aos políticos; não deveria haver políticos profissionais.

Precisamos nos livrar dos políticos para voltarmos a fazer política; discutir ideias e não pessoas; projetos e não partidos; desejos e não jogadas; verdades e não mentiras.

Nessas eleições, em nenhum momento nós estivemos conversando de verdade nem sobre a verdade. Os políticos (todos eles!) nos impuseram a agenda de interesse de cada um e só o que fizemos foi falar deles e não dos assuntos do Brasil.

Enquanto desejarmos um líder, nunca seremos livres. Seja ele o messias que for, será sempre, ainda, o falso. O atual é falso, o anterior também o era. Todos sempre foram. O próprio desejo de haver um messias que faça por nós o que deveríamos fazer nós mesmos é um erro em si, e enseja todas as estruturas de poder. A verdade está em quem não tem desejos de poder. E o lugar onde ela brilha não é aqui, nem em nenhuma outra mídia antissocial. A verdade brilha no mundo concreto, onde se vive e se morre e o vento sopra e o sol esquenta, e Deus só existe para quem Nele acredita. Aqui é vício: praia imaterial, simulacro de encontro, praça de drogados desejando conhecer alguém.

Algum movimento só começou quando fomos para a rua colher votos de indecisos! Só então a emoção foi plenamente humana; só ali alguém convenceu alguém. O ser humano é o seu corpo. Tivéssemos estado na rua desde sempre e estaríamos melhor agora; estaríamos todos no poder. Todos! E não apenas alguns. Aqui a vitória é sempre do empresário dono dessas terras imateriais. Creiam-me! Enquanto o estado de direito não reinar na internet, não haverá democracia. Fui.

Estarei no teatro, passem por lá.

Em 31 de outubro de 2018

Bom dia, brasileiros amigos meus. Passei por aqui porque chove, mas se sol fizesse, eu estaria na praça, gritando de cima do coreto.

Vim apenas para dizer: somos quase 80 milhões que não votaram em Messias; somando-se os que votaram em Fernando, brancos, nulos e abstenções. É um número poderoso. Na minha opinião, o que impediu esses 80 milhões de pessoas de se unirem contra o fascismo foi a classe política profissional organizada em partidos.

A resistência deve ser suprapartidária, macropolítica, micropolítica, amadora e civil.

Os poderosos que tomaram o Estado se organizam antes fora dos partidos; em suas associações de classe, igrejas de falsa fé, clubes, bancos VIP, resorts de esqui etc. A chegada do PT ao poder fez desmobilizar nossa organização política fora dos partidos. Precisamos voltar para elas, eu acho.

Nenhum político profissional vai unir esses 80 milhões de pessoas que não votaram no fascismo. A luta pela democracia e pela liberdade é que, possivelmente, nos unirá.

Fernando, de quem continuo gostando, já cometeu a infelicidade de devotar admiração a Luiz Inácio; Ciro já está em campanha, embora diga que não; Boulos, idem; todos eles tentarão se oferecer como nossos líderes. Mas nenhum líder nos unirá. Proponho uma liderança sem líder encarnado. Proponho a liderança de todos e cada um; a organização de múltiplas ações a partir da sociedade civil e não de partidos. Políticos têm sido o problema; dificilmente serão a solução. Devemos parar de falar deles e passar a falar de nós. Onde? Nas universidades, nos teatros, nos pagodes, nas fábricas, fora daqui, em qualquer lugar.

Acho que o que estou propondo, na verdade, é o que já está acontecendo!

Nossa luta principal nesse momento: defender a pessoa do professor!

Bom dia.

Em 6 de novembro de 2018

ILUSTRAÇÃO:
CHAMADA DE ENTREVISTA CONCEDIDA AO JORNAL
EL PAÍS BRASIL PELO SOCIÓLOGO PORTUGUÊS
BOAVENTURA DE SOUSA SANTOS:
"Vivemos em um ciclo reacionário diferente, que tenta acabar com a distinção entre ditadura e democracia. Lula cometeu muitos erros. Usou o antigo sistema político para governar com a direita."

Bom dia.

Sugestão: entrevista excelente com Boaventura de Sousa Santos. Sociólogo.

Aqui, nas redes antissociais — trincheiras do inimigo onde estamos enredados, país nenhum cuja língua viciada só presta para dizer publicidade —, vivemos entorpecidos por um alucinógeno que nos faz crer estarmos livres e plenos de voz. Matrix que se impõe como realidade. Mas, tal como no filme, é dentro da rede que temos que pescar os amigos para libertá-los dela.

Admito que façamos: indicações de leitura, denúncias de fatos, esclarecimentos, piadas, mãos dadas... Mas devemos ser cautelosos tal como o barman que serve o drink mas não o bebe.

O nosso campo de atuação deve ser a rua! Os teatros, os cinemas, as livrarias, as bibliotecas, os campos, as praças... Sobretudo, as praças.

Somos o nosso corpo. Mil vezes um abraço do que milhões de likes; mil vezes um olhar do que miniaturas de coração. Aqueles saciam o desejo de afeto; estes intensificam a solidão.

Proposta minha: habitar essas virtualidades dez minutos por dia, apenas; e, logo mais, uma única vez por semana; aos mais próximos, telefonar em lugar de escrever; nunca — nunca! — aceitar a provocação de uma conversa agressiva aqui. Nunca! É ir para onde eles nos querem levar. Nem ler, devemos!

Se esta praia imaterial aqui é usada pelos donos dela como um veículo para venda de publicidade, é para isso que ela serve! Façamos o mesmo! Usar as redes antissociais para publicidade das nossas ideias; e não — jamais — como um substituto do convívio! Convivamos, pois! Saraus, poesia, tocar piano, xadrez, paqueras, namoros... Resistir à anulação dos nossos corpos. E ler livros!

Beijos. Manter-me-ei raro por aqui. Por convicção. Mil vezes vinte ou trinta pessoas num teatro do que 1 milhão de seguidores no Instagram.

Em 19 de novembro de 2018

> ILUSTRAÇÃO:
> CHAMADA DE ENTREVISTA CONCEDIDA AO JORNAL
> *EL PAÍS BRASIL* PELO FILÓSOFO MARCOS NOBRE:
> *"Bolsonaro foi o candidato do colapso e precisa*
> *dele para se manter no poder."*

Bom dia, colegas.

Não deixem de ler a matéria de Felipe Betim, que traz trechos da entrevista de Marcos Nobre. Análise lúcida do momento; reflexão rigorosa e cheia de uma chance de esperança. Leitura fácil e organizadora das ideias. Muito útil para nós que pensamos igual no fundamental e, portanto, convivemos bem com as nossas diferenças pragmáticas.

Em mim, permanece a perplexidade: de que modo chegar aonde a minha voz soa como ruído? De que modo dizer à pessoa religiosa que Deus não está no autoproclamado pastor que vocifera heresias sobre a Bíblia? De que modo dizer ao militar que a política é atividade civil? De que modo dizer a um ouvido narcísico que a realidade não se curva à vontade dele? De que modo dizer aos adictos em redes antissociais que estão viciados nelas e iludidos da efetividade de suas ações? De que modo falar com quem só quer falar também?

Minha pouca presença aqui tem por razão um desejo de ouvir, ler, ver... Silenciar um pouco para poder receber e pensar.

Abraços, amigos. Com frequência semanal, leio o que vocês escrevem e sigo comovido com o esforço de resistência contra o fascismo que tantos de nós estão empreendendo pelo bem de todos.

Mesmo denunciando os danos dessas detestáveis redes antissociais, percebo a sua importância nesse momento. Mas é preciso estarmos conscientes de que tudo o que fazemos aqui fornece dados de pesquisa a nosso inimigo e é com esses dados que eles organizam a publicidade caluniosa que captura os desprovidos de capacidade crítica.

Teatros, cinemas, livros, pagodes, circos, jantares, peladas, cultos honestos... Encontros físicos contra a virtualidade! A virtualidade é o campo e a arma do inimigo.

P.S.: Sinto saudades do convívio virtual, mas temo o vício. Beijos.

Em 19 de dezembro de 2018

ILUSTRAÇÃO:
TRECHO DE MATÉRIA NO *NEW YORK TIMES*:
*"As Facebook raised a privacy wall,
it carved an opening for tech giants."**

Colegas, leiam matéria sobre o odioso Facebook no *New York Times*.

Esta empresa é um mal para o mundo. Nada mais é do que um sofisticado modo de fazer pesquisa de mercado permanentemente e conduzir publicidade dirigida — quase individual — para seus consumidores. Surgiram oferecendo os seus serviços gratuitamente, mas sempre foi mentira. Nada é gratuito! Empresas capitalistas não oferecem nada de graça, nunca! Queriam cativar audiência, viciar a audiência, escrutinar a audiência e então vender esse poderoso saber para quem quer que fosse. Big data! Vivem da publicidade sofisticada que oferecem. Seus donos e seus administradores mentem o tempo inteiro; como toda essa indústria de tecnologia o faz. Vivem num desvão da legalidade! Um horror! Espero que desapareça. Se a humanidade precisa se comunicar com eficiência, que esse serviço seja público.

Cuidado, amigos. Cuidado com este telefone que você tem nas mãos. Bom Natal. Bom Natal.

P.S.: Tudo se revelará! Já está se revelando. O poder ainda está com os políticos. Só mudou o bando.

---

* "Ao criar uma barreira de privacidade, o Facebook abriu uma brecha para os gigantes da tecnologia."

Em 21 de dezembro de 2018

> ILUSTRAÇÃO:
> CHAMADA DE MATÉRIA NO JORNAL *EL PAÍS BRASIL*:
> *"Ortega expulsa da Nicarágua Comissão*
> *Interamericana de Direitos Humanos."*

Vergonha!

A democracia está ameaçada, seja por quem se diz de esquerda ou de direita! O poder é capturado pelos políticos e passa a ser exercido em benefício do grupo que em torno deles se agrega, sempre para benefício deles mesmos à custa dos outros, que são a maioria que permanece trabalhando e sendo achacada por impostos e restrições à individualidade. Todos se dizem defensores da liberdade. Uns propõem o livre mercado e o nacionalismo como o modo de promovê-la; outros, em defesa da mesma liberdade, propõem alcançá-la através de um Estado provedor e da internacionalização de suas revoluções.

Na minha opinião, nem uma coisa nem a outra são a verdadeira intenção do projeto deles. O que querem é o poder! É viver no poder, nos assuntos diários do poder, nos palácios, cercados de asseclas, em viagens, em conversas sem fim, em seus sonhos de grandeza... Distantes da vida banal e corriqueira, dos afazeres domésticos, da educação dos filhos, de cozinhar e lavar. Por toda parte, só o que eu vejo é isso: políticos e seus círculos de milionários — abastecidos por obras públicas e incentivos fiscais — num cotidiano de conto de fadas! Passam a existência tão longe dos fatos concretos da vida que me parece acreditarem que, vivendo nessa alienação da realidade, escaparão de morrer. A ambição de poder é produto de uma personalidade imatura, tal qual uma criança assustada diante do gigantismo dos adultos. Sugiro: *El otoño del patriarca*, de Gabriel García Márquez. Livro belíssimo sobre o assunto; presente propício para este Natal dos livros.

China, Turquia, Trump, Hungria, Cuba, Brasil, Arábia Saudita e mais tantos outros... A democracia e a liberdade, a civilidade mesma, estão ameaçadas de muitos modos em muitos lugares. Tudo porque um grupo de pessoas tem medo de morrer e de não haver nem céu nem inferno onde viver depois. Adultos imaturos desejam e se dedicam a chegar no poder! Um perigo. Na minha opinião, a vida se revela na lida diária com o mundo físico.

Mas lá onde vivemos é também onde morremos. E não é bonito que seja assim? A mim, a realidade me basta. Não preciso do poder para me esquecer da finitude. Beijos.

Em 26 de dezembro de 2018

> ILUSTRAÇÃO:
> CHAMADA DE ARTIGO DE SUZANNE MOORE NO
> JORNAL *THE GUARDIAN*:
> *"If we want a different politics, we need
> another revolutionary: Freud!"**

Pessoal, sugiro o artigo de Suzanne Moore. Sempre leio os textos dela. Pessoa da maior seriedade! Este último diz algo que eu tento dizer desde que escrevi *Os ignorantes,* em meados dos anos 1990, e reitero nessas publicações todas daqui. Que a sociedade se transformará — e a revolução acontecerá — somente quando cada pessoa se modificar a si mesma antes. É ideia corrente desde os anos 1950, 1960, 1970, mas que passou a ser desprezada a partir dos 1980; e, em alguns lugares do mundo, onde o pensamento de Freud mal chegou, nunca nem foi compreendida. Com o advento do reino da ignorância que se agiganta sobre nós, é preciso ter *A interpretação dos sonhos* em uma mão e *O Capital* na outra, tenho dito desde antes. E, entre as duas mãos, todos os outros livros dos pensadores que merecerem respeito, evangelhos, romances, poesias... E, eu ainda diria: ao centro, equidistante entre os dois principais, devemos ter *A teoria da relatividade geral*, de Einstein

---

* "Se queremos uma política diferente, precisamos de outro revolucionário: Freud!"

96 | DA ELEIÇÃO DE JAIR MESSIAS ATÉ AS VÉSPERAS DA POSSE

— que conheço amadoristicamente apenas, mas o que já me basta para pressentir a revolução tremenda que ela é.

O que digo aqui não é novidade alguma, mas está se tornando novidade novamente, tamanho está sendo o esforço do egoísmo humano em impor-se ao melhor em nós; e, para sua vitória, apagar todo o conhecimento.

Boa noite. Leiam Suzanne. Ela tem sido uma voz importante.

Do início do segundo turno até a véspera da eleição

8 de outubro de 2018 a 27 de outubro de 2018

Capítulo 6

Engajado em declarada campanha política contra o fascismo

Em 8 de outubro de 2018

Jair Messias e Fernando Haddad são declarados vencedores do primeiro turno.

> TRANSCRIÇÃO DE VÍDEO:
>
> *"Eu acho que nós temos que nos opor ao fascismo de maneira absoluta. O fascismo não nos permite o luxo de aceitar o convívio com o fascista. Eu acho que as pessoas que são fascistas têm que ser banidas do convívio daqueles que não o são; por amor à civilização. Se não, perdemos tudo.*
>
> *Um exemplo: Escola Sem Partido. Escola Sem Partido significa escola com partido de extrema direita. O que deve dizer o professor sobre 1964? Que houve um golpe, uma revolução ou um movimento? Só uma ideologia responde a essa pergunta. Ideologia não é uma propaganda partidária; é um instrumento intelectual de compreensão da realidade. Escolher uma é um ato de liberdade. Agora, teremos que votar em Fernando Haddad. Minha opinião."*

Políticos são o problema; não a solução. Mas só na política o povo poderá se livrar dos políticos. Apenas elegendo representantes que desfaçam o emaranhado legal que garante o monopólio da política aos políticos, o povo poderá construir outra organização de convívio na qual os políticos, e demais agentes do Estado, juízes incluídos, não sejam autoridade; e sim, humildes, e modestamente remunerados, servidores públicos.

Enquanto a política for um bom negócio — salários e mordomias mil —, continuará atraindo os medíocres e gananciosos bandidos que atrai hoje. Precisamos da política para retirá-la dos políticos e resgatar o Estado do domínio de profissionais do poder.

É fundamental manter a atividade política viva.

Messias é a não política. Declaração dele mesmo afirmando que com "democracia nunca vai dar certo", que fecharia o Congresso, golpe de Estado, fim das minorias, valor da tortura etc. etc.; tudo registrado de modo inequívoco em vídeos autênticos, são prova de que Messias é o fim da política.

Por isso, e por muito mais, acho que devemos votar agora em Fernando Haddad e Manuela D'Ávila.

O PT tem mil defeitos — o quão horríveis você quiser achar que eles são —, mas não é uma ameaça à política. Messias é. O PT, a democracia brasileira consegue vigiar; Messias destruirá a democracia se isso lhe convier. Fernando Haddad não é Luiz Inácio (embora, ridiculamente, a campanha afirme que ele é); Messias é Messias.

Como eu já disse, não se trata de decidir entre este ou aquele candidato; se trata de escolher entre a civilização e a barbárie. Messias é a barbárie, com todo o seu sadismo e sede de sangue. Fernando Haddad é a civilização, com todas as suas falhas e tensões.

Esta eleição já é trágica para o Brasil pela reeleição do macabro Aécio Neves e de outras figuras cuja brutalidade intelectual os situa abaixo do patamar civilizatório; são sociopatas, mentirosos contumazes, frios artífices do sucesso pessoal. Muitos deste tipo se elegeram. Fracos servidores da ignorância, votaram nessa gente. Cabe a nós tentarmos evitar que o mal maior se confirme.

Eu lutarei com minhas palavras todos os dias. E digo a quem votou em Messias: você sabe quem você é.

Viva o Nordeste!

Em 8 de outubro de 2018

TRANSCRIÇÃO DE VÍDEO
COM DEPOIMENTO DE MOA DO KATENDÊ,
ASSASSINADO NO DIA DA ELEIÇÃO:

"Tem que ter vários momentos de encontro da comunidade negra em respeito ao que os nossos antepassados deixaram, né? Essa cultura maravilhosa que é a cultura do Brasil. Toda ela é cultura negra, de raiz negra. Nós queremos somente uma coisa: respeito e consideração. Nós, de matriz africana, respeitamos todos; e o que é que nós queremos em troca? Respeito e consideração. Agora, invadir os terreiros... procurar difamar uma tradição milenar é uma ignorância muito grande. Isso no Brasil todo está se fortalecendo, e a gente, como resistência, a gente quer conclamar... não só o povo do candomblé, mas também dos afoxés, dos blocos afro, das escolas de samba, dos pagodes, do maracatu..."

Este senhor, de nome Romualdo Rosário da Costa, um artista ligado à defesa da brasilidade, foi assassinado por um eleitor de Messias, segundo o site de notícias UOL. O assassino nega razões políticas. Alega que foi agredido. Olho para um e olho para o outro; ouço a entrevista com o assassino confesso... Penso e concluo: quem matou mestre Moa do

Katendê foi Messias e seus eleitores se aceitarmos que a propagação de ideias fascistas autoriza a violência de quem já tinha propensão para ela.

Em um projeto de governança que ambicione alcançar a paz através do pacífico resgate social dos pobres, agressores ficam constrangidos; num projeto que elogia a violência como meio de chegar na paz, agressores se sentem autorizados a agir.

Foram doze facadas. Não conheço os detalhes; as circunstâncias, sei por alto. Mas não hesito em dizer: sangue nas mãos dos eleitores de Messias.

Por isso, quando eleitores de Jair vêm dizer a mim, com toda a educação, que respeitam a minha opinião — mera obrigação, diga-se! —, mas vão votar no Messias por isso e por aquilo e "mas o PT"... eu não me convenço da humildade deles. Jair é um fascista autodeclarado! Quando mais jovem, propôs a guerra civil e matar 30 mil pessoas. Não acredito que eleitor algum dele não tenha visto o vídeo em que diz isso, e outros, em que ele se revela sem meias palavras. Portanto, todo eleitor messiânico sabe em quem está votando. O ódio ao PT é uma desculpa conveniente. O que desejam é a brutalidade viril e covarde que promete a segurança e a paz conquistadas à força.

(Sobre o crime organizado, e a urgência de combatê-lo, já falei!)

É humilhante o que estamos vivendo. Mas não choro! Os dois que quebraram a placa de Marielle são hoje deputados. Deputados! Messias e seus eleitores não têm autoridade para censurar o crime dos outros. Olhem para os seus próprios crimes; e eu lhes digo: se foi para salvar vocês, o sangue de Cristo foi derramado em vão.

Não se apressem em me responder. Leiam a notícia.

Axé.

Em 8 de outubro de 2018

> TRANSCRIÇÃO DE VÍDEO:
> *"Boa tarde. Fernando Haddad foi visitar Lula. Eu acho péssimo, péssimo... Acho que Fernando Haddad devia se comportar como um candidato a presidente da República, andar com as próprias pernas e pensar com a própria cabeça. Agora, eu vou votar nele contra Messias sem nenhuma dúvida, porque, de Haddad, posso dizer que o que ele fez foi péssimo; de Messias, quando ele tiver todo o aparato repressivo do Estado nas mãos, é muito provável que ele tente calar a minha boca, e a boca de todo mundo que queira dizer alguma coisa contra ele. Por isso é que eu vou votar na democracia. Eu vou votar em Fernando Haddad."*

O fascismo de direita — que em nossa história é mais presente e mais letal do que qualquer sonho de autoritarismo de esquerda — já está entre nós; basta ver os congressistas eleitos. Fascismo é intolerância total com a diferença e determinação de eliminá-la completamente. Os dois messiânicos que partiram a placa com o nome de Marielle são hoje nossos empregados, um estadual e o outro federal. Temos fascistas dentro de casa; da casa que compartilhamos juridicamente com todos nós, o Brasil.

Se o fascista-mor vier a se sentar no trono do Executivo, será por muitas razões. Não sei todas, mas arrisco algumas:

1) Eles mesmos. O fascismo é sua própria razão de ser. Nasce nas profundezas da psicologia humana e emerge do esquecimento quando encontra condições históricas convidativas: frustração social e o medo que ela gera. Variam as circunstâncias, mas, na essência, é sempre o mesmo: afirmação de uma supervirilidade que imporá uma ordem redentora. Mas isso é o modo de se disfarçar de algo útil que o fascismo assume para seduzir os seus seguidores. Por trás, ele é desejo de poder de uma elite dirigente que governará em seu próprio interesse econômico. É o mesmo sempre, faça-se pela direita ou pela esquerda; no nosso caso aqui, é de direita.

2) Contribuirá também a nossa letargia em reagir a ele. Por confiança na democracia, aceitamos muito tempo ver o fascismo se propor como solução milagrosa e dissemos pouco e timidamente. Nosso silêncio foi um erro. Erro nosso que se fez porque demoramos também a reconhecer os nossos próprios erros: os erros da idolatria ao PT. Por isso eu grito contra Haddad visitar Luiz! Mas voto nele apesar de tudo. Evitar o fim da política, que Messias significa, é fundamental para podermos, no futuro, transformar a política verdadeiramente.

Jair é Fake.

Em 8 de outubro de 2018

> ILUSTRAÇÃO:
> CHAMADA DE MATÉRIA NO JORNAL *O GLOBO*:
> *"É fato que deputados eleitos pelo PSL quebraram placa com nome de Marielle em comício de Witzel."*

Ainda resta alguma dúvida quanto ao fascismo de Messias e dos deputados que ele ajudou a eleger?

3) Uma terceira causa para o fascismo estar entre nós é termos acreditado que ele não estava. Estava. O Brasil, como todo país que teve origem em colonização europeia e escravidão, guarda no seu DNA a vontade de superioridade do colonizador sobre os colonizados e escravizados. Esse desejo se manifesta no desprezo da classe dominante, herdeira dos colonizadores, pela cultura popular. E não apenas. De mil outras formas também. Mas, como bom marxista, eu acho que toda essa vontade de superioridade é subterfúgio para justificar a exploração da mão de obra. Elites não aguentam uma semana sem fartos serviços domésticos. Fábricas param de dar lucro se pagarem justamente. No fim, é isso: exploração do trabalho pelo capital.

P.S.: A partir de agora, comentários apenas de quem eu sigo. Cansei de dar terreno para fascistas falarem comigo. Falem sozinhos! Este é um momento de absoluta ruptura. Diante do holocausto que se prenuncia, aceitar a divergência, como se fosse mera questão de opinião, é uma leviandade que custará caro. Com o fascismo, não há conversa. É guerra! De palavras apenas, sempre; no que depender de mim. Palavras, atitudes e desprezo. São as únicas armas que eu admito.

Em 9 de outubro de 2018

Conforme Messias declarou — o vídeo está disponível, só não assiste quem teme —, ele acredita que é preciso terminar o trabalho que os sádicos da ditadura civil-militar de 1964 deixaram por fazer: matar 30 mil pessoas. São palavras dele; não são minhas. Isso é uma proposta de assassinato coletivo de quem ele considera inimigo; e serão pobres brasileiros desprovidos de tudo e, portanto, presas fáceis das ilusões do crime. O que resolve a violência é haver justiça social! Alguma repressão é inevitável, infelizmente; tamanha é a desordem. Mas ela deve ser executada com o amor pela profissão de polícia; tal qual um médico que, no campo de batalha, se sabe obrigado a retirar de dentro do inimigo a bala que, momentos antes, ele mesmo havia feito penetrar naquele corpo. Propor a morte como solução para a violência é imoral. Não vou nem perder tempo dizendo o quão pouco cristão é. Assim, por isso e por tudo o mais que Messias disse, não há dúvida alguma do fascismo que nele procria agressividade. Se ele agora se faz de manso, é porque teme a rejeição que pesa contra ele

A morte não faz par com a beleza, e menos ainda com a bondade. Um fascista projeta em tudo a sua patologia; não tem percepção para o Belo, não conhece a graça da vida, não tem humor. Ou: em tudo que julga haver beleza, graça e humor, o que existe é a caveira da beleza, da graça e do humor. É a coisa morta o que o fascista admira quando se crê admirando ou produzindo alguma beleza.

Foi Picasso quem pintou o *Guernica*; e não o General Franco.

É por amor aos brasileiros (todos!) que eu me oponho a Messias e não cedo um milímetro de conversa ao radicalismo dele.

Quem de vocês teria cedido o que fosse à ordem de torturar alguém, sob a desculpa de ser um terrorista, ou mesmo que fosse? Há menos pecado em dar um choque mais suave ou diminuir o tempo do afogamento? Não. Não há. Por isso, eu não discuto o fascismo de Jair; eu o combato: com palavras, atitudes, desprezo, censura social e recusando o afeto que venha de quem vota nele. E com poesia e flores também, se der.

Eu estou do lado do Brasil! A minha bandeira é azul e tem escrito LIBERDADE com caligrafia infantil.

P.S.: Não sou petista, mas vou votar no PT, porque se fez necessário.

Em 9 de outubro de 2018

TRANSCRIÇÃO DE VÍDEO:

"Razões do fascismo. Eu acho que num mundo onde as pessoas não têm voz, e a vida delas é determinada por decisões que são tomadas no mundo político — e, pior ainda, no submundo da política —, nós artistas cometemos o erro (eu não cometi esse erro, mas, enfim...), nós artistas cometemos o erro de acreditar que deveríamos ser celebridades; de que a nossa vida tinha mais importância do que a vida dos outros; que o público ficaria eternamente satisfeito de ser apenas público. Mas isso não é assim. Todo mundo é protagonista da sua própria existência. E a nossa atitude terminou, na minha opinião, por gerar neles um sentimento (autêntico!) de frustração. Por que razão a nossa vida merece ser noticiada e a de mais ninguém?! Por quê? Eu acho que isso nos tirou autoridade perante eles. A nossa opinião está, parcialmente, desmoralizada."

Eu odeio que as empresas que exploram biografias tenham tentado fazer de mim uma celebridade. Adoro ser conhecido pelo meu trabalho, apesar das eventuais abordagens inoportunas — geralmente, gente sem educação. Adoro fazer sucesso, ganhar dinheiro, ter alguma voz, dar entrevistas, me sentir influente, considerado etc. Mas, à parte isso, odeio essa indústria que quer vender a minha vida e não o meu trabalho. Não gosto da confusão entre vida particular e profissional. E sei por que não gosto. Porque essa indústria, cuja mercadoria é a celebridade, quer apaziguar com fofoca o autêntico anseio de convívio que é tão natural dos seres humanos. Conviver é saber do outro. Mas a indústria, como todas, vende o falso no lugar do verdadeiro; atende a uma demanda honesta com um produto desonesto. Ou alguém crê que os artistas são de fato do modo que são retratados — e se retratam — por essas e nessas indústrias? Tudo venda de ilusão. Mentira.

Eu acho que nós, artistas, erramos ao confundir as pessoas, nos deixando tomar por quem não somos. Artistas têm uma função social em nada mais importante do que a de qualquer outra profissão. Temos a nossa missão: divertir o pensamento! É nobre! Tão nobre quanto todas as outras.

E, agora, quando temos por obrigação nos valermos da nossa circunstancial notoriedade para defendermos a liberdade, encontramos a população ressentida com o silêncio ao qual nós corroboramos que ela ficasse condenada.

É preciso refletir sobre si mesmo quando você tem diante de si um inimigo absolutamente ignorante! Temos que nos aprimorar para não ficarmos ignorantes de nós mesmos como o nosso inimigo fascista é de si. O que nos autorizará a falar é a qualidade do nosso trabalho; e não os detalhes da nossa intimidade ou o tamanho das nossas casas, ou a alegria sem fim do nosso cotidiano. Creio que essa exibição ostensiva de nós mesmos é uma agressão ao anonimato forçado das, assim chamadas, pessoas comuns. Eu quero ser uma pessoa comum; conhecido pelo meu trabalho, mas comum como todo mundo; e que a minha voz soe como a de qualquer outro. Quando a minha voz vier a silenciar outras, que seja por eu estar em cena, merecendo a atenção distraída que antecede a gargalhada; nunca por nada além.

ENGAJADO EM DECLARADA CAMPANHA POLÍTICA... | 113

Em 9 de outubro de 2018

ILUSTRAÇÃO:
CAPA DO LIVRO *ORIXÁS*, DE PIERRE
FATUMBI VERGER.

Sugestão de leitura. Deveria ser livro de leitura escolar. O fascismo é uma criação das culturas monoteístas. Nós, brasileiros, sabemos que corre no nosso sangue informação do politeísmo africano e indígena que nos formou. Não é acaso um vingador de Messias ter assassinado com doze facadas um afro-brasileiro, mestre da religião e da cultura africanas. Não é por acaso! Neste país, o Estado é laico para possibilitar o convívio de diferentes religiões. Quando a pessoa diz "Deus acima de tudo", é fascismo. Eu não acredito que exista Deus, como alguém pode querer colocá-lo acima de mim? Quem crê, que creia. Mas se quer viver num Estado religioso procure um país onde essa seja a lei. Cristão, não encontrará (salvo engano meu). Mas tem o Irã, a Arábia Saudita...

O livro de Pierre Fatumbi Verger é obra educativa. Pergunto: você não concorda que ele deveria ser ensinado nas escolas? Eu acho que devia. Se fosse leitura obrigatória, o fascismo teria menos chance de surgir entre nós e mestre Moa não estaria morto.

Ou algum cristão fundamentalista vai ousar dizer que isso é escola com partido?! Isso é escola com verdade.

Há mais cristandade em mim, que não creio na divindade Dele, do que nesses que O usam para enriquecer; Malafaias, Edires e todos os outros comerciantes da fé, todos apoiadores de Messias. Só existe Deus para quem crê, mas humanidade (com psicologia e história) é uma verdade em todos que ninguém pode negar. O Brasil é um país para brasileiros diversos (cláusula pétrea da Constituição e verdade do costume) e não pertence a fundamentalistas cristãos que colocam o Deus deles acima de tudo. Digo eu, que adoro Jesus e o cristianismo sem, no entanto, ser religioso.

Viva o Nordeste, a Bahia e a África! Ser brasileiro é ser negro, mesmo que você seja branco. Minha opinião.

Não tenhamos medo. Somos muitos — tantos milhões quanto eles! — e somos da paz! Somos filhos de Gandhi. Vamos vencer; e, se perdermos, faremos oposição; com música, danças, humor, poesia e trabalho, como sempre fizemos.

Axé. Fiquem com Deus.

Em 10 de outubro de 2018

É mentira dizer que o confronto apenas — sem planejamento, sem inteligência, sem nada — vai diminuir a violência. O confronto é o que temos feito desde sempre e nunca resolveu nada.

Eu acho que é preciso oferecer a cidadania antes de tudo: saneamento, escola, hospital, diversão etc. E, sobretudo, respeito. Respeito é trabalho bem-remunerado! É preciso, entre outras coisas, diminuir imensamente a margem de lucro dos meganegócios que o Estado contrata. Como é possível aceitar que fortunas sejam erguidas com o dinheiro do povo?!

A gênese da violência brasileira é complexa e complexa é a sua solução.

Políticos sempre exploraram as forças policiais para seu próprio interesse político. Messias faz o mesmo; mas, como é sádico, vai expor ao combate, cru e inútil, pobres jovens soldados militares; enquanto ele e os filhos dele estarão bem protegidos em seus apartamentos funcionais. Assim funciona todo movimento de elite, como é o fascismo. Populismo não é o poder nas mãos do povo; é o poder nas mãos de um pequeno grupo que, com mil artimanhas do diabo, convence o povo de suas mentiras.

Vamos votar na democracia. 13, porque é necessário.

Em 11 de outubro de 2018

ILUSTRAÇÃO:
CHAMADA DE ENTREVISTA NO JORNAL
EL PAÍS BRASIL:
"Limongi: Líderes responsáveis não têm o direito
de se isentar diante da insanidade de Bolsonaro."

Excelente artigo no *El País Brasil*! A verdade não desapareceu! Ela está onde sempre esteve: na voz de pessoas sem ambição de poder! Leiam as palavras de Fernando Limongi!

É uma inconsequência alguém se achar no direito de ficar neutro diante do anticristo. Ver o mal absoluto se agigantar na sua frente e ficar calado por desejo de ainda colher lá na frente algum lucro pessoal é não apenas covardia: é colocar-se acima do bem comum. É o que faz agora quem se julga no direito de ficar neutro.

Os políticos que estão correndo para o lado de Messias são a mesma corja que nos rouba desde sempre. Os novos deputados eleitos são, quase todos, gente da mesma laia dos anteriores.

Por isso tudo, eu acho que Fernando Haddad não deveria correr atrás de apoio de políticos. Os políticos todos se desmoralizaram de tal maneira que um político tradicional, um político não político, um adorador de ditaduras, anunciando-se como novidade, é a ameaça que pesa sobre o Brasil. Ninguém vai se decidir a votar em Fernando porque este ou aquele político declarou o voto. Fernando não deve cometer o mesmo erro que cometeu o PT, que foi esquecer do povo e se trancar a sete chaves com a classe política em Brasília.

Fernando, fale com o povo; deixe a política e os políticos para eles mesmos!

Devemos votar com força e com fé em Fernando e Manuela para os livrar das amarras dos partidos políticos!

Precisamos libertar Fernando do PT!

O sangue já está sendo derramado nas ruas, e Messias diz que não pode controlar atos isolados de seus seguidores. Mentira! A mensagem transmitida por ele e seus filhos ao fazerem apologia de armas de fogo — fotos ridículas como se fossem o velho Rambo — é a de que a agressão ao diferente é uma autodefesa legítima dos ideais deles. Jair é pessoalmente responsável por cada ato de violência praticado por apoiadores dele porque ele os incentiva a serem justiceiros civis! Jair suspende a censura social contra o estupro, o ódio de gênero, a misoginia e todos os racismos que houver. Quem vota em Messias vota na morte. E quem se neutraliza, é cúmplice.

Em 11 de outubro de 2018

Perigo em Portugal!

Aqui, neste país onde uma democracia luminosa garante a alternância no poder de diversas correntes políticas, eleitores fanáticos de Messias vieram à faculdade de Direito intimidar e agredir quem se opõe ao candidato deles!

Queremos silêncio e quietude de mosteiro no sagrado momento do voto! Queremos ver a lei cumprida.

Agora, para sermos respeitados, temos que respeitar antes. Devemos votar sem fazer propaganda alguma de nossas escolhas. Façamos antes, depois, eternamente; mas apenas nunca durante. É a lei. Vamos cumpri-la!

Estamos em terras de amigos cujos pais e avós pagaram com a vida para derrotar o fascismo.

Não vamos manchar o solo português com o sangue inútil de imigrantes brasileiros. Demonstrar civilidade é nossa obrigação primeira para com os irmãos portugueses que nos acolhem. Não temos o direito de ocupar os espaços públicos deles e trazer inquietação ao domingo das famílias portuguesas. Devemos entrar e sair discretos e serenos do lugar de votação. E mais: verde e amarelo são as cores do país, e não propriedade privada dos adeptos do fascismo declarado de Messias. Assim como também o vermelho é apenas uma cor. Muitas vezes, combina com outras.

Votemos em paz. É dever da nossa representação aqui garantir que não haverá crime eleitoral; de nenhum dos lados.

Em 11 de outubro de 2018

> ILUSTRAÇÃO:
> CHAMADA DE NOTÍCIA NO SITE JUSBRASIL:
> *"STJ reconhece responsabilidade civil do Coronel Ustra por torturas praticadas na ditadura militar."*

A informação, eu a obtive no site Jusbrasil. Confira a fonte e avalie a sua confiabilidade.

Este Ustra é o torturador que Messias idolatra; a pessoa que ele citou quando declarou o seu voto no processo do afastamento de Dilma.

Que pessoas ricas se sintam confortáveis em votar em Jair, é compreensível. Pessoas ricas, no Brasil, fingem não saber que são herdeiros dos benefícios da escravidão que criou uma sociedade onde o trabalho não tem valor; o que vale é o capital. Mas o que não posso aceitar é que um único pobre brasileiro vote em quem vai fazê-lo sofrer ainda mais. Jair mente quando diz que vai manter o Bolsa Família! Mente quando diz que vai aumentar a oferta de empregos! Mente quando diz que vai acabar com a violência! Mente quando promete defender mulheres! Diz isso agora para enganar você, para conseguir o seu voto!

Votar nesse Messias é votar na morte. O anticristo nunca se anunciaria sendo quem é! Ele, obviamente, se faria passar por um salvador.

Não existe salvador! Quem se promete um salvador é, na verdade, um aproveitador!

Luiz Inácio, Hugo Chaves, Ortega, Putin, Trump, Fidel, Napoleão, César... Todos! Só é sincero quem não deseja o poder!

Mas estamos longe desse meu ideal. Temos que atravessar a política para, através dela, construir um convívio onde os poderosos sejam as pessoas e não os líderes!

E como precisamos da política para mudar a política, temos que votar em Fernando Haddad. Fernando, além de ter um bom projeto, vai nos possibilitar haver democracia.

Esse Messias é um adorador do diabo! Seu fascínio por Ustra, torturador condenado, é o ato que o revela.

Em 12 de outubro de 2018

O fascismo que se evidenciou no Brasil tem nos parecido difícil de entender; mas (súbito!) veio-me a compreensão de que o fascismo é o que explica o Brasil. Ele é a resposta para a permanente pergunta sobre as nossas imensas injustiças. Somos um país que tem um quarto da população fascista! Sempre tivemos, eles sempre estiveram aí. Permaneceram quietos em alguns períodos porque lhes convinha (como nos governos do PT, por exemplo, enquanto ganharam dinheiro; assim que o negócio ficou menos bom para eles, trataram de lembrar que odiavam o Partido dos Trabalhadores desde sempre). O fascismo assumiu muitas formas desde que passou a ser conhecido por esse nome. Mas é sempre o mesmo: movimento de poucos para poucos que se disfarça de interesse de todos; promete ordem, disciplina, honestidade; tem por fiador religião ou ideologia; e, sobretudo, prega a eliminação total dos adversários — daí a tortura e os assassinatos. O fascismo inventa inimigos — judeus, ciganos, imigrantes, mexicanos, americanos, russos, petistas, capitalistas... — para convencer-se e para convencer os fracos da sua necessidade de ser e dominar.

O fascismo é criação produzida pelo domínio de uma característica nossa sobre as demais; é o triunfo da paranoia sobre a razão. O fascismo paranoide se constrói a partir do egoísmo inconsequente de pessoas imaturas emocionalmente.

O fascismo é movimento de elite; elite que já está estabelecida — como é o caso do Brasil — ou que quer estabelecer-se — como é o caso de algumas nações africanas. O seu populismo é estratégia para chegar ao poder; e nunca empatia.

O povo que apoia o fascismo, crendo que estará sendo libertado, termina por ser explorado — economicamente, emocionalmente, sexualmente, tudo! — pela elite fascista.

O fascismo opera uma imensa máquina repressiva. Manda para a morte os seus soldados enquanto a elite dirigente mantém-se a salvo em seus palácios.

A intenção última do fascismo é a exploração do trabalho forçado do povo por parte de uma pequena elite. E qual é a característica constante da sociedade brasileira senão essa?

O nosso susto não deve ser com o fato de não sabermos explicar o fascismo de hoje; e sim com a constatação de o fascismo ser a explicação do Brasil de sempre.

Em 12 de outubro de 2018

TRANSCRIÇÃO DE VÍDEO:

"Amigos, esta eleição está acontecendo no ambiente mais mentiroso de todos os tempos. Sempre houve muita mentira nas conversas do poder. Mas agora, com Instagram, WhatsApp, Facebook... todas essas porcarias... as mentiras se espalham e é dificílimo desmenti-las.

A única maneira de sabermos realmente quem são Fernando Haddad e Messias é haver debate. No debate não há como haver falsificação de opiniões. Eles estarão lá. Então, tem que haver debate! Se não, não há democracia.

Agora, Messias foi atacado, é verdade. Foi muito ruim e muito injusto. Ele merece se recuperar. Que se recupere, mas que compareça aos debates; no momento em que puder. Sem debate, a legitimidade da nossa democracia está profundamente ameaçada por esse mar de mentiras onde estamos vivendo. Então, vamos exigir o debate. Bom dia."

Em 13 de outubro de 2018

> ILUSTRAÇÃO:
> CAPA DO LIVRO *BRASIL: NUNCA MAIS*, PREFACIADO
> E ORGANIZADO POR DOM PAULO EVARISTO ARNS.

Amigos, esta praia daqui transformou-se no que ela jamais deveria ser: um campo de batalha onde o inimigo pode promover a guerra que lhe convém.

Eu já não chego em pessoas que me ouviriam honestamente.

O fundamentalismo antipetista — que, por vezes, se vale de religião; outras, de horror a corrupção; outras, de escândalo por imaginária subversão de valores, mas que, na verdade, é ódio de classe à brasilidade — produziu uma surdez e uma cegueira desejadas. Todo fundamentalista é cego e surdo por decisão inconsciente e consciente! O que lhes anima é o atrito sem razão, o embate sem lógica, a argumentação absurda. Diante da evidência em áudio e vídeo do fascismo do seu líder, eles se irritam ao desespero porque aí tem dificuldade em negar o seu obscurantismo!

Não é aqui, neste meio onde o estado de direito se recusa a entrar, e cada pessoa é um jornalista autodeclarado, que alguma conversa sincera irá ocorrer. Aqui é o terreno do agressor. O melhor que fazemos é sumir daqui e deixar o agressor falando com ninguém!

Tudo o que havia para ser dito foi dito; toda mentira que tentava esconder o fascismo do projeto fascista foi desvelada.

Insistir é apenas dar um campo de batalha para o inimigo guerrear.

Precisamos descobrir outros lugares onde estarmos. Praças, teatros, púlpitos, consultórios, fábricas, livros, rádios, TVs, jornais, uma praia real, com sol, mar e vento.

A imaterialidade e o anonimato que este lugar aqui oferece são uma armadilha. Esta eleição está sendo decidida no campo do adversário! Entendem?! Eu quero voltar para o mundo físico. Falar com uma pessoa de cada vez. Digo a vocês: aqui, na presença da imaterialidade, só se fala com iguais ou xingam-se os diferentes; e atordoam-se os fracos até os convencer por nocaute. Por ser o próprio terreno uma armadilha, nós aqui perderemos todas as batalhas. Eu não sinto que tenha conseguido influenciar ninguém que pense diferente de mim. Fiz amizade com os afins e inimizade com os outros. À parte os afetos encontrados, nada se moveu. E eu quero o movimento!

Espero esbarrar com os amigos por aí, nos recantos da realidade material.

Em 15 de outubro de 2018

ILUSTRAÇÃO:
CAPA DO LIVRO *BRASIL: NUNCA MAIS*,
PREFACIADO E ORGANIZADO POR DOM PAULO
EVARISTO ARNS.

Bom dia. Passo para dizer que decidi rarear minha presença por aqui não porque esteja derrotado. Não! Mas porque percebi que aqui a vitória é sempre do inimigo. Aqui, nessas mídias todas da presença não física, é onde habita a maldade. Aqui aceitamos falar com pessoas que no mundo físico não aceitaríamos; pessoas que pela figura que têm e o tom com que falam já nos fariam as deixar falando sozinhas se estivéssemos numa festa, num bar ou numa igreja. As redes sociais são o cavalo de Troia do fascismo! Aparentam ser um presente inofensivo, dar liberdade de expressão, voz à multidão emudecida, nenhum controle sobre o que se quiser dizer; e, com restrições de tempo e caracteres, de fato oferecem essa possibilidade; e criam assim a sensação — que é ilusória — de que as pessoas estão interagindo intelectualmente; influenciando-se mutuamente através de um diálogo lógico e honesto. Mas o que acontece na verdade é uma comunicação publicitária: síntese restrita — religiosa, política, político-religiosa, existencial, amorosa — e nunca a argumentação que conduz a esta síntese. O espaço oferecido é exíguo, o texto é curto, a imagem é mínima. E o diálogo que se desenvolve é desprovido das características do diálogo; apenas frases contra frases, verdades absolutas se opondo diametralmente, e, logo: ofensas, ironias de má qualidade etc. etc.

E aqui somos vigiados! Aqui não é o lugar da liberdade. Aqui é lugar do controle! Nossos inimigos — pessoas acima de Messias — aqui nos vigiam, escrutinam e catalogam; e, então, vendem para os publicitários do demônio as características do nosso espírito e os orientam de que modo nos convencer da falsa verdade que os levará ao poder!

O lugar da luta pela liberdade é o mundo físico. É o show de música, o teatro, o clube de leitura, a missa, o jogo de futebol, o escritório, a rua, o sexo! A fiscalidade é a plataforma do ser humano; a virtualidade é a plataforma do desumano. O espírito é físico.

Mas, no momento, uma vez que estamos presos nessa armadilha, façamos o melhor uso dela possível! Eu grito há mais de ano contra o mal que já vinha chegando — só não sabia ainda o nome dele: fascismo!

Em 16 de outubro de 2018

> ILUSTRAÇÃO:
> CAPA DO LIVRO *BRASIL: NUNCA MAIS*,
> PREFACIADO E ORGANIZADO POR DOM PAULO
> EVARISTO ARNS.

Bom dia, amigos, amigas.

Venho explicar ainda melhor as minhas razões para diminuir o uso deste lugar aqui.

1) Não estou derrotado ou desisti. É o contrário! Descobri outra forma de lutar.
2) Mídias sociais são eficientes para comunicar simplicidades. A maioria, amigáveis; compartilhamento inofensivo de amenidades.
3) São, no entanto, lugares inóspitos para uma conversa complexa. Não por acidente, mas porque são programadas para o serem.
4) Assim se construiu a armadilha. Os donos das empresas atraíram todos nós para dentro das redes sociais, a liberdade como isca, dando-lhes aparência de divertimento inofensivo.
   Uma vez que a humanidade toda se trancou aqui dentro, passaram a fomentar a discussão política; sem revelar que essa "ferramenta" é estruturada para impedir o trânsito de complexidades.

5) É uma questão de linguagem. A internet, cada um e todos os seus sítios, são uma linguagem! E, valendo-se de determinada linguagem, a pessoa só diz o que a linguagem está programada para dizer. E na linguagem da internet, por determinação da não fisicalidade, não há como haver interação, troca de ideias complexas, mútua e consensual intromissão de um na vida intelectual do outro!

6) Aqui é o reino da publicidade! Tudo aqui é slogan, teaser, memes... Não por acaso, o sucesso aqui se chama "viralizar". Ora, vírus é o que faz adoecer!

7) Quando perguntei o que é Instagram, ninguém me respondeu o que eu intuía. Instagram é um vício! De todos os modos que ele pode ser usado, todos o fazem ser um vício! Vício como alcoolismo, crack, cocaína... Vício ilusionista de potência, de ter voz, de ter presença no mundo.

8) E, como todo vício, alimenta a si mesmo com tudo o que produz; ainda que produza algo valoroso, eventualmente.

9) Vejam: este mesmo assunto é complexo demais para eu conseguir tratar dele aqui! Desespero!

Amigos, amigas: Eu quero abraçá-los pessoalmente!

A resistência terá que acontecer no mundo físico! Por exemplo: Deixemos de frequentar shopping centers! Esta sim é uma ação transformadora. Sei que não é simples como dizer, mas deixo a provocação inocente.

E, na urgência desta hora: expor nossa censura moral ao fascismo, sem trégua!

Em 16 de outubro de 2018

> TRANSCRIÇÃO DE VÍDEO:
> *"Nunca encontrei fanáticos com senso de humor. Nunca vi alguém capaz de rir de si próprio que tenha se tornado fanático. Mordacidade, sarcasmo, língua afiada, isso sim, tem-no alguns fanáticos. Mas sentido de humor, não. E, muito menos, humor sobre si próprios. O humor contém um distanciamento que nos permite ver, pelo menos por instantes, as coisas numa luz completamente nova. Ou vermos a nós próprios, por momentos, pelo menos, como os outros nos veem. Esse distanciamento leva-nos a reduzir o excesso de importância que se atribui a algo, e em particular, a nós próprios. E mais: humor implica, em geral, uma certa relativização, uma desvalorização do sublime."* Trecho do livro Caros Fanáticos, de Amós Oz, traduzido do hebraico por Lúcia Liba Mucznik. Leitura fundamental para esses tempos em que tanta gente perdeu o humor e vai votar errado.

Aqui, na casa do inimigo, podemos fazer guerrilha. Falar de livros, filmes, pratos, praias, afetos... Mas não tenho mais ilusão de tocar o coração nem a razão de quem quis — e por que queria, se deixou —

ser enfeitiçado pela avalanche de mentiras que adornam a campanha de Messias. (Agora mesmo, o kit gay foi desmascarado pelo TSE.) Mas ainda acredito ser possível fortalecer aqui o laço de amizade com as pessoas razoáveis que me aconteceu esbarrar nessa terra contaminada. Instagram é vício nocivo; lugar torturante para se conversar. Mas pode ser útil para emitir alguma boa informação, como os textos de Taís Diniz e a seleção de fotos de Cristina, entre outros. Aconselho que sigam.

Eu ofereço trechinhos de uns livros para atiçar a curiosidade. Mas sem ilusão de que poderei tocar o coração de algum fanático. A reconstrução do patriotismo, que se impõe a nós a partir da revelação do gigantesco fascismo que se revelou neste momento, não acontecerá nestas mídias. Creiam-me, precisaremos estar pessoalmente presentes. Teatros, salas de aula, reuniões de condomínio, festas de criança, futebol, bailes... e livros!

Aqui? Fazer guerrilha nas terras do inimigo. E, como Gandhi ensinou, minar a economia dos opressores. Deixar de consumir produtos fabricados por eles, o mais possível. Criarmos a nossa outra economia! A gente ganhe ou perca a eleição, está evidente que teremos que trabalhar na mudança do mundo e por um outro Brasil; por uma política sem políticos; isso me parece uma obviedade estimulante!

Fiquem bem. E larguemos esses *devices* de lado! Fazem-nos muito mal. Beijos.

Em 17 de outubro de 2018

> ILUSTRAÇÃO:
> CHAMADA DE MATÉRIA NO JORNAL
> *EL PAÍS BRASIL*:
> *"'Quando você só acredita no que quer, não há como ter democracia.' O pesquisador Aviv Ovadya explica quais serão as consequências do uso de tecnologias avançadas para a produção de mentiras espalhadas pelas redes sociais."*

Bom dia.

Sugiro excelente matéria no *El País Brasil* de hoje.

Surpreendeu-me por falar sobre o que tenho dito aqui: o perigo que é termos trocado o mundo físico por este outro, onde a presença é imaterial. Precisamos nos dar conta de que aqui há uma tecnologia e uma técnica que se interpõem entre nós; e que nós não as dominamos, nós nem as percebemos! Acreditamos que somos livres nas redes sociais porque podemos dizer o que quisermos, mas a organização disto aqui nos aprisiona num mundo de iguais, em ilhas de sempre muito poucos, onde os inimigos só aparecem para nos agredir ou nós a eles. Leiam a matéria e tomem consciência do poder de destruição apocalíptica que esta bomba atômica de virtualidade pode chegar a possuir.

Passei ontem pelas publicações de Messias. É um trem fantasma de mentiras evidentes. Como evidentes são também as mentiras de outros: outros políticos, artistas, lojas, pessoas quaisquer... O de Jair assusta por ser uma produção industrial, projeto financiado de poder. Mentira, sempre houve. Antes mentia-se nos meios de comunicação que havia; e o povo vivia na semiescuridão, é verdade (imensa era a máquina de propaganda nazista, por exemplo). Mas a internet é o meio mais eficiente jamais inventado para divulgação de mentiras! A internet está sendo transformada na sua estrutura mais básica para ser a autoestrada da mentira que nos conduzirá à escuridão total.

Não teremos salvação aqui! Isto aqui é uma armadilha tecnológica! E o seu modo de operar é produzir em nós o vício de estar aqui.

Amigos, passada esta emergência eleitoral — Haddad! —, façamos assim: publicarei uma vez por mês uma sugestão de leitura. No mês seguinte, comentamos o livro sugerido e passamos a outro. Não mais essa overdose cotidiana. O que acham?

Bom dia e não deixem de ler a matéria.

Colegas têm escrito comentários de grande valor! Que alegria ler tantas pessoas inteligentes. Agradeço a todos.

Voto 13, porque é preciso.

Em 17 de outubro de 2018

> LINK PARA VÍDEO
> COM REPORTAGEM DO CHANNEL 4 NEWS:
> *"Cambridge Analytica Uncovered: Secret filming reveals election tricks."**

Assistam a esta reportagem do Channel 4 News e vejam a armadilha que a internet se tornou! A estranha força da campanha de Messias não é dele. É muito mais complexa e perigosa.

Nós estamos sendo invadidos e não estamos nem nos dando conta! Assim que possível, temos que abandonar esse vício de internet! Nos drogaram, nos deram um boa-noite cinderela digital, e estão nos roubando tudo; e nós, em nossos sonhos, lutamos contra os invasores fazendo memes! Não chegamos aos eleitores de Jair! Eles é que chegam aos nossos! A diferença eleitoral entre democratas progressistas e fascistas conservadores sempre foi pequena no Brasil. Eles atacaram os que vacilam e conquistaram todos! Muito dinheiro investido nisso.

A manipulação do debate que elegeu Collor é brincadeira de criança perto do que faz a Cambridge Analytica.

---

* "Cambrige Analytica revelada: gravações secretas expõem manipulações nas eleições."

Muito grave. Eu acho que os políticos dos outros partidos, e todos nós!, temos que pedir ao Ministério Público que investigue a ação de operadores políticos nas redes sociais! Mas não bastará! Nem crime deve ser! É lavagem cerebral através do vício em internet que eles promoveram! O nosso maior inimigo é esta loucura aqui! Devemos parar com isso! Digo eu, aqui dentro, tentando subverter o uso desse inferno!

Minha opinião e minha certeza!

É mais fácil parar de beber cerveja do que deixar de frequentar internet. Desafio vocês. Tentem por uma semana parar com os dois e depois me digam a qual voltaram antes.

Estou desesperado como quem grita diante de uma máquina. Temos que falar outra linguagem!

Em 18 de outubro de 2018

> TRANSCRIÇÃO DE VÍDEO
> COM CANÇÃO DE FITO PÁEZ, NA VOZ
> DE MERCEDES SOSA:
> *Cuando no haya nadie cerca o lejos*
> *Yo vengo ofrecer mi corazón*
> *Cuando los satélites no alcancen*
> *Yo vengo ofrecer mi corazón*
>
> *Y hablo de países y de esperanzas,*
> *Hablo por la vida, hablo por la nada*
> *Hablo de cambiar esta nuestra casa...*

Ao menos, a nostalgia da liberdade nos fará querer ouvir boa música. Mercedes Sosa, canção de Fito Páez. Uma beleza!

O passado voltou todo de novo de repente agora!

O vício de estar aqui se nutre, como todo vício, de uma natural tendência da nossa psicologia. No caso aqui, o desejo de convívio e de ter voz na comunidade; e determinar o próprio destino. Mas, como toda droga, esta daqui também produz insatisfação, uma vez que ilude atender aquela natural demanda — o convívio virtual é afetado e simplório por conta da não fisicalidade do seu acontecimento; o que o faz ser frustrante. E, por nunca saciar verdadeiramente a ansiedade gregária do ser humano, cria cada vez maior necessidade no viciado de se viciar! Quantas horas por dia cada um de nós gasta enfiado nestas inutilidades daqui?! Sejam quantas forem, serão sempre cada vez mais; e nunca suficientes! A natural demanda que a internet falsamente atende é das mais poderosas em nós: a de ser amado. Foi fácil para eles nos viciar em termos atenção. Mas, como toda droga, a internet é frustrante porque o resultado que produz é ilusório.

Quando surgiram marqueteiros comandando campanhas políticas, eu lembro de pensar que era eticamente inadmissível a política render-se à publicidade. A política é dialética permanentemente; é conversa, é opinião, é discussão, é debate.* (Luiz Inácio também faltou a debates; mais uma das minhas razões para eu ter desejado alternativas ao PT no poder.) A publicidade é o não debate, a não conversa, a não dialética; a publicidade é informação que se quer convincente e inquestionável. Ela não quer fazer pensar. O anunciante quer o seu produto conhecido, não questionado! A publicidade quer o fim do espírito crítico.

Mas os adictos de poder valeram-se da publicidade indiferentes a preocupações éticas. E agora estamos reféns da Cambridge Analytica. Tudo virou publicidade! As redes sociais são uma permanente pesquisa de mercado; e, do mesmo modo que convenceram outras gerações de que fumar e beber fazia conquistar lindas mulheres, estão convencendo a de hoje de que o fascismo é segurança e honestidade. Mentiras. Cigarro e álcool matam; o fascismo mata igualmente.

Devemos sair daqui tão rápido quanto deveríamos ter desligado a televisão.

---

* Jair Messias negava-se a comparecer aos debates por aqueles dias.

Em 18 de outubro de 2018

TRANSCRIÇÃO DE VÍDEO:

"Olha, notícia na Folha de S.Paulo, *Patrícia Campos Mello: 'Empresas estão comprando pacotes de disparos em massa contra o PT no WhatsApp e preparam uma grande operação na semana anterior ao segundo turno. A prática é ilegal, pois se trata de doação de campanha por empresas que é vedada pela legislação eleitoral, e não declarada. A* Folha *apurou que cada contrato chega a 12 milhões.'*

Como é possível haver democracia se uma empresa pode oferecer esse serviço? WhatsApp era para ser uma comunicação entre pessoas e não um instrumento de comunicação massiva de ideias. Isso é uma ilegalidade imensa. Nós temos que parar de frequentar esses lugares, parar!, enquanto a internet não for um ambiente ordenado juridicamente. Essa é a minha opinião. Nós estamos numa armadilha.

E vamos votar no 13 para continuar havendo Brasil. Minha opinião também."

Amigos, e até inimigos: leiam na *Folha de S.Paulo* sobre as armas que a internet fornece para o ataque de conteúdo político-publicitário!

E vejam que esta publicidade se disfarça de muitas coisas — declarações pessoais, dados científicos, denúncias alarmantes etc. — para esconder a publicidade que é.

Nunca antes tantos foram tão enganados por tão poucos!

E aqueles de nós que fizeram de suas vidas um show para plataformas de internet, julgando que isto seria uma extensão inofensiva do nosso trabalho, deveriam refletir sobre as consequências que esse modo de agir teve e tem. O quanto havermos nos tornado cada um o seu próprio paparazzo e sua revista de celebridades não contribuiu para confundir o particular e o privado, o trabalho e a pessoa, a arte e o artista, a mentira e a verdade?

No museu do Louvre, a obra de arte que mais me comoveu foi a *Vitória de Samotrácia*. Bela escultura em mármore de uma deusa alada. Quando a vi pela primeira vez, eu não sabia nada sobre o escultor, e continuo não sabendo porque não se sabe quem ele foi; e falta nenhuma me faz o que não sei do artista. Tenho a obra dele diante de mim! Qual dado biográfico ou fofoca íntima me diria dele mais do que a própria obra?

Quando, aos 17 anos, assisti a Rubens Corrêa e José de Abreu em *O beijo da Mulher Aranha* e chorei comovido com a grandeza do espetáculo, eu também não fazia a menor ideia de que Rubens e José eram já atores da maior grandeza, nem que Manuel Puig era um escritor consagrado, nem que o Teatro Ipanema era um templo glorioso da arte dramática. Eu não sabia nada e aprendi tudo diante da obra de arte apenas.

O que somos nós: artistas ou divulgadores incansáveis de nós mesmos? O quanto, corroborando com esse lugar viciante aqui, não estaremos aliciando o público para o vício onde agora a nossa democracia está sendo atacada?

Como dizer algo importante se usei minha voz para dizer tantas inutilidades apenas porque parecia fazer parte do trabalho?

São perguntas que faço sem oferecer certeza das minhas respostas embora eu concorde comigo mesmo.

A ingenuidade pode nos sair cara, uma vez que ajudamos a criar esse mundo confuso onde a mentira pode se disfarçar de verdade com tanta aparência de realidade que mesmo uma pessoa criteriosa poderá ser enganada.

Em 19 de outubro de 2018

> TRANSCRIÇÃO DE VÍDEO:
> *"Eu tenho sido um crítico severo do PT desde que se revelou... Toda força política quer se eternizar no poder. Toda força política tem esse fascismo íncubo, dentro desse desejo de eternidade no poder. Mas eu acho que Fernando Haddad é uma reformulação do PT; Fernando Haddad é melhor do que o PT. É por isso que eu vou votar nele. Porque acredito também que Fernando Haddad será subserviente à democracia; e acho que Messias não hesitará em enfrentar a democracia se alguma coisa o desagradar. O destempero dele mesmo agora, ao reagir às denúncias feitas contra a campanha dele, demonstra a irritação que ele tem com o processo democrático. Prefiro Fernando Haddad mil vezes, ainda que tenha imensas ressalvas ao PT, como eu já disse. Bom dia."*

Nada é simples. Falo com os amigos, com os gentis de coração. Aos irascíveis, já não me dirijo mais. Eu fui educado a não tolerar a intolerância e a falta de educação. Converso com honestidade e não aceito a irracionalidade de ninguém, uma vez que me expresso racional e educadamente. Aos fascistas, de todas as tendências, reservo o mínimo que a civilidade me obriga, que é me manter dentro da lei, e nem um sorriso a mais. Havermos tolerado a intolerância foi, e é, o nosso erro. Termos nos calado diante das brigas de torcida organizada, da pedofilia dentro da Igreja Católica, da imposição da pornografia degradando o feminino, das falsas igrejas, das ambições de poder vitalício de todos — ou de quase todos — os políticos... Termos aceitado conviver com essas manifestações fascistas em sua fase ainda não político-partidária é o que nos faz hoje estarmos desarmados diante da ameaça que se agiganta sobre nós. Termos nos calado diante do incipiente fascismo de esquerda nos desautoriza a falar agora contra o fascismo de direita. Por isso me apresso em dizer "não!" a todos os fascismos! Venezuelas, Nicaráguas, Rússias e também Trump, Ustra (sobre todos!), Salvini, Le Pen... e Messias, a nossa versão sul-americana de desumanidade (quem elogia torturador não merece respeito algum). Eu me oponho a tudo e apoio Fernando Haddad porque confio que ele não usará o imenso poder do Estado para me calar quando eu exigir que se investigue seriamente a morte de Celso Daniel, só para dar um exemplo. Enquanto Messias, duvido que permita investigar crimes cometidos por agente do exército na atual ocupação do Rio, já denunciados.

E por que, descrendo de tudo, confio num e não no outro? Pela humanidade que vejo em Fernando e Manuela em contraste com a desumanidade que vejo em quem ensina uma criança de 5 anos a atirar. (Um crime confessado que a justiça brasileira parece não querer reconhecer.)

Jair é sangue inutilmente derramado; vidas humanas desprezadas.

Fernando é esperança. Falo para amigos, mas se alguém que ainda hesita estiver me ouvido nos confins dessa galáxia digital, espero ter ajudado.

Em 21 de outubro de 2018

TRANSCRIÇÃO DE VÍDEO:

"Palavras do meu mestre, Amir Haddad, e do Grupo Tá na Rua:

'Ser artista é uma possibilidade que todo ser humano tem independente de ofício, carreira ou arte. É uma possibilidade de desenvolvimento pleno, de plena expressão, de direito a felicidade. Todo mundo pode viver a sua expressão sem estar preso a um papel. Não se trata de ser artista ou não, mas de uma perspectiva do ser humano e do mundo. Não se trata só de todos os artistas serem operários, mas de todos os operários serem artistas. E de as pessoas terem relações criativas, férteis e de transformação com o mundo, a realidade, a natureza, a sociedade. O homem não está condenado a ser só destruidor, consumista, egoísta como a sociedade nos leva a crer.'

Nesse momento obscuro, apenas as palavras de Amir poderão nos iluminar. Fica aqui a lembrança."

Bom domingo.

Já não sei com quem falo neste universo em dispersão digital rumo a lugar desconhecido. Mas desconfio que aqui todos falamos sozinhos na grande ilusão de que alguém nos ouve. Sedados pelo silêncio cósmico dos vazios sem matéria; vácuo surdo, onde boiamos num frenesi alucinógeno! Em verdade, aqui, nada se move. Eu desconfio.

Os eleitores de Messias, que aqui me visitaram, não acredito que tenham lido uma linha sequer de algum livro que tenha sido sugerido por mim ou por outro colega. Ler é atividade exigente para a razão e pede grande poder de concentração; e desapego de si; ler é, afinal, ouvir o outro, ouvir com desarmada atenção. Ler é, portanto, uma tarefa quase impossível para quem está viciado na droga eletrônica das redes antissociais! Esta praça digital de cracudos trabalha para deprimir o espírito crítico do usuário. Tudo nela é organizado para dizer a cada pessoa o que ela quer ouvir; para que a mensagem recebida jamais seja colocada em questão.

Quase impossível tocar o coração ou a razão de um drogado no ambiente onde a droga é o próprio lugar! Redes antissociais são tráfico de droga, na minha opinião, e na opinião de alguns cientistas. Procurem ler sobre.

Eu já me decidi: passada a urgência de fazer propaganda contra Messias e a favor de Fernando, sumirei daqui com a mesma determinação que me fez parar de fumar tabaco aos 33 anos de idade. Ainda guardo muito viva a lembrança dos sofrimentos da abstinência. Dias terríveis, mas que me legaram um futuro respirável.

Até lá: muito movimento ontem em cidades europeias contra a ascensão do fascismo no Brasil! Muito, e subnoticiado pela imprensa daí.

O fundamentalismo antipetista — que justifica votos em Messias, dizendo-se uma ação pela moralidade — não se sustenta diante da evidência de que mais imoral é o PP ou o PMDB ou o PSDB ou etc. E por estes campeões de corrupção, os messiânicos não nutrem ódio específico. Votam em Messias porque esta droga aqui lhes deu a viagem na qual ansiavam se alienar. Estão doidões de falso empoderamento, como toda pessoa sob efeito de drogas.

Minha opinião; minha convicção.

Votarei Fernando, pela civilidade dele! Minha bandeira é a do Brasil, e ela pertence a todos.

Em 24 de outubro de 2018

> ILUSTRAÇÃO:
> CHAMADA DE MATÉRIA NO JORNAL
> *THE GUARDIAN:*
> *"European elections 'face growing threat of manipulation'."**

Bom dia.

Matéria no jornal *The Guardian.*

Enquanto o estado de direito não reinar na internet, não haverá segurança para os processos democráticos. O Brasil atual é exemplo maior! O fascismo de Messias encontrou na terra sem lei das redes antissociais um meio fertilíssimo para disseminar a sua propaganda enganosa. Outras forças políticas podem fazer, e ter feito, o mesmo. Mas quanto mais mentirosa é a mensagem, mais anseio ela tem por modos desregulados de se espalhar. E nada nesta eleição é mais falso do que as ideias simplistas do falso messias. A única verdade dele é a violência sádica que ele e os seus ora tentam dissimular — fazendo-se de patrióticos cristãos, democratas —, mas que na maior parte das vezes têm prazer em ostentar — xingando, ameaçando, enaltecendo a tortura e torturadores; posando armados e de cara feia.

---

* "Eleições europeias 'enfrentam ameaça crescente de manipulação'."

O fascismo e seu autoritarismo desejado oferecem uma identidade coletiva para aqueles que padecem de definição da sua identidade individual. Sempre tive essa impressão. O fascismo acolhe os fracos, os que têm medo da solidão, dos momentos de inevitável solidão que são a morte e o sexo — não o ato, embora ele também possa ser, mas a lida com a própria sexualidade e seu entorno afetivo onde a pessoa se constrói.

Por isso os fascistas — de esquerda ou de direita — gostam de andar em bando e se sentem fortes quando juntos. Como são covardes diante da morte e do amor, matam e odeiam; iludem-se crendo que matando a vida de outro matam a própria morte que os matará um dia. Cultivam o ódio porque acreditam que despertarão admiração e serão amados por sua eficiência em odiar.

O fascista é um impotente. É preciso serem muitos para que cada um se sinta alguém. Mas essa dependência de uma identidade coletiva para forjar na pessoa uma identidade individual produz grande ansiedade. É instável a personalidade de quem depende dos outros para saber quem é; aflitivo como respirar com pulmões emprestados.

Quem já criou filhos sabe a arte que exige fazer de irascíveis crianças seres civilizados; e o quanto pode ficar por fazer.

As redes facilitam a formação de coletivos homogêneos pois o algoritmo trabalha para isso; elas facilitam o fascismo, portanto.

Nosso erro: estar aqui.

Em 25 de outubro de 2018

Bom dia.

Fundamental ler Eliane Brum, no *El País Brasil*, de hoje. Leiam.

Dizer que a verdade desapareceu é um truque que interessa aos mentirosos.

Aos que promovem falsas notícias, interessa convencer que todos mentem. Mas dizer que a verdade desapareceu é a maior mentira de todas, aquela que faz a mentira do mentiroso parecer uma verdade; isso porque nenhum meio de comunicação, nem ninguém, terá credibilidade para contestar a mentira dele. E como ele se valerá das técnicas de análise de mercado das redes antissociais para dizer para cada um — individualmente, quase — justamente o que convence cada pessoa de que a verdade é o que ele diz, estes mentirosos disseminam a convicção de que a verdade sumiu.

Mas a verdade não sumiu, eu tenho dito. Ela está onde sempre esteve: no discurso das pessoas que não têm ambição de poder! Quem nada quer, por que mentiria?

Eliane Brum é uma dessas pessoas.

Pode-se discordar dela — ou de mim —, mas não se pode duvidar que ela diz o que pensa sem falsear os elementos da realidade ou forçar a lógica para dar aparência de razoabilidade a absurdas conclusões.

Podemos confiar em Eliane porque ela não ambiciona poder algum! Já outros, que se diziam amantes do Brasil — como os MBLs da vida —, são hoje deputados! Era isso o que queriam! O bom salário e as regalias e as aposentadorias e, sobretudo, o poder, a droga mais sedutora entre todas.

Não confie em quem tem ambição de poder. Confie nos desinteressados; em quem nada tem a ganhar com o que diz, além do respeito por si mesmo. Confie no jornalismo de Eliane Brum.

E Fernando, dirão, não ambiciona o poder? Sim, é um político como os outros. Mas a minha confiança não repousa sobre ele; repousa sobre o exército de democratas que o apoiam para o vigiar, ajudar, colaborar e amar. É no movimento democrático que está a verdade.

E mais: eu gosto de Fernando Haddad e desprezo humanamente Messias. Nada é igual!

Não deixemos a violência inútil cair sobre nós! Minha sincera opinião.

Em 26 de outubro de 2018

Bom dia.

Eu nasci rico. Conheço os ricos; vivi e ainda vivo, de certo modo, entre eles. Sei como pensam e o que odeiam. Ser rico não implica obrigatoriamente em ser um inconsequente social, uma má pessoa. Longe de mim fazer esta preconceituosa generalização (o mesmo vale para o oposto: ser pobre não é garantia de bom caráter). Mas os ricos, mesmo os de bom coração, costumam ser insensíveis ao sofrimento dos pobres. A escravidão, que nos forma, criou nas elites a certeza de terem direito à riqueza que têm. Fosse diferente, e o Brasil não seria a fábrica de pobreza que ele é. É quase impossível fazer um rico compreender que ele não tem direito a ser rico porque a riqueza da qual desfruta é resultado da exploração capitalista extrema do trabalho dos outros. (Se for por mérito individual, é outra história.)

Mas como posso eu, que nasci rico e continuo sendo rico, dizer uma coisa dessas? Talvez eu não possa; muito mais direito de o dizer tenha quem não nasceu rico como eu. Mas me aconteceu de, por volta dos meus 20 anos, ver o dinheiro de família desaparecer e me encontrar absolutamente por minha conta no mundo. E então eu trabalhei como toda gente pobre tem que trabalhar. E, graças a Deus, conheci a verdade da vida. Não tive que enfrentar a miséria, mas passei a mão sobre a pobreza nos dias mais duros.

Por isso, da confortável casa onde moro, ao volante do carro de luxo que tenho — tudo resultado apenas do meu trabalho como ator —, eu peço licença aos meus amigos pobres de origem para votar junto com eles no futuro do Brasil: democracia, Haddad, 13.

Voto na esquerda porque reconheço a injustiça que me beneficiou e me oponho a ela.

Por bons serviços públicos! Pois só não precisa de bons serviços públicos quem é rico. Vivo em Portugal, onde a sociedade é muito mais justa e os serviços públicos são infinitamente melhores e para todos; e, garanto, não foi a extrema direita que construiu este bem-estar. Foi a democracia e o socialismo democrático. E ambos só foram possíveis por ter havido antes uma revolução com forte presença e contributo da esquerda mais radical, os comunistas.

Em 27 de outubro de 2018

ILUSTRAÇÃO:
CAPA DO LIVRO *BRASIL: NUNCA MAIS*,
PREFACIADO E ORGANIZADO POR DOM PAULO
EVARISTO ARNS

Bom dia!

Leitura fundamental no jornal *El País Brasil*: "Os 'WhatsApps' de uma campanha envenenada."

Leiam, principalmente quem ainda está na dúvida.

Com alegria e esperança, tomo conhecimento de que a discussão política foi para as ruas e deixou de acontecer apenas nesta terra contaminada de redes antissociais. Aqui somos prisioneiros da lógica do funcionamento destes lugares — joinhas, likes, memes, comentários, emojis etc. Um vocabulário muito pequeno para dizer ideias complexas. Para além disso, a presença sem corpo e o anonimato que ela produz impedem que os naturais movimentos da nossa psicologia atuem plenamente. Quando o nosso corpo se torna uma tela é fácil para o robô, propagador de mentiras em escala industrial, soterrar o espírito crítico sob avalanches de publicidade enganosa. Todas as forças políticas se valem desta desonestidade, é verdade. Mas Messias e seus empresários desqualificados gastaram fortunas com esse armamento de última geração. E, além disso, o povo esteve — e ainda está — exposto ao charlatanismo religioso; venda de promessas de riqueza e saúde por obra de um Deus que só se alcança através dessas falsas igrejas, e custa caro! Entorpecidos nos cultos histéricos e macabros, também ali as pessoas tiveram a sua razão adormecida e ficaram vulneráveis às mentiras do Messias bélico e entusiasta da tortura.

Vamos vencer, tomara, no voto! E o voto será conquistado nas ruas! Mil vezes minha admiração por todos os que estão nas ruas colhendo eleitores um a um! São heróis da pátria!

A melhor frase desta eleição é a do ministro Celso de Mello: "Polícia só deve entrar em universidade se for para estudar." Disse tudo! E evidenciou: esta eleição é uma disputa entre a civilização e a barbárie; entre o conhecimento e a ignorância; entre uma sexualidade plena e a sexualidade truculenta dos inseguros quanto a si mesmos.

13, é o nosso número da sorte.

Nós que somos pobres, mulheres, gays, o que for, ateus, cristãos, afro-religiosos, crentes, seja lá quem... Mas que gostamos de ser diferentes, votemos Haddad! Esse messias é fake, como tantos antes dele.

Do atentado contra a vida de Jair Messias até o fim do primeiro turno das eleições

7 de setembro de 2018 a 6 de outubro de 2018

Capítulo 5

Tentando quebrar a imobilidade de algumas convicções políticas

Em 7 de setembro de 2018

Bom dia.

Antes de qualquer consideração, eu desejo a Jair que ele se recupere prontamente e o quanto antes. Devemos a ele, a seus familiares e apoiadores, respeito; principalmente aqueles que, como eu, sentem-se afrontados pela falta de respeito que Jair constantemente demonstra por quem se opõe a ele.

Devemos respeito, e até condolências, por inspiração, e grande respeito, pelo Cristo de quem Jair se pensa um fiel seguidor.

Jesus, filho de Deus autoproclamado, pediu ao Pai que perdoasse aqueles que o assassinavam pois compreendeu que eles nada sabiam do que crime que cometiam. Jesus, que eu admiro e respeito — e, nos momentos de humildade e fraqueza, o desejo mesmo filho de um Deus que exista —, nos ensinou a misericórdia e o perdão. E o fez de modo sobre-humano quando perdoou os seus algozes. Que os ensinamentos do Cristo, em sua lenda ou realidade, sejam, nessa hora, o exemplo a ser seguido por aqueles que se confessam cristãos.

Aparentemente, Adélio Bispo de Oliveira, o homem que atacou Jair, tem contato precário com a realidade.

Pessoas assim são vulneráveis à paranoia difundida e tendem a atender aos seus impulsos no delírio de estarem realizando um desejo coletivo. O cultivo da violência que Jair, em nome de combatê-la, termina por incentivar, certamente influencia quem já é facilmente influenciável. É um erro, um perigoso erro, que mostrou a sua face.

Jair personifica muito do que me desagrada na alma brasileira; como já disse em outras ocasiões. Mas declaro respeito a ele, aos filhos e à filha dele, nesse momento de angústia. Repudio o ataque que ele sofreu. É um golpe na democracia.

Espero que o respeito que tantos têm demonstrado por Jair o faça compreender o respeito que ele deve aos outros, a todos os outros. Quem sabe Jair não sairá dessa tragédia um cristão melhor, disposto ao perdão e não à vingança; convicto da compaixão e não da violência; certo de que toda pessoa que agride só o faz porque não sabe o que está fazendo; ele mesmo inclusive. Quem sabe? É o que eu desejo para Jair, respeitosamente.

No mais, vida cotidiana que segue, inexoravelmente. Ontem fiz teatro e hoje farei de novo. Jair não deve ser o nosso único assunto. Bom dia.

Em 9 de setembro de 2018

Boa tarde.

Eu acho que os 350 anos de escravidão da nossa história estão presentes no Brasil de hoje. A destruição sistemática das culturas indígenas e africanas, forçando suas populações a se europeizarem, produziu um povo, ainda hoje, tumultuado em sua identidade.

No que tange à educação, para ser específico, não há quem não a defenda, mas poucos se perguntam qual educação devemos promover. Insistir na europeização de todos nós ou ensinarmo-nos o quanto africanos e indígenas somos também? Essa pergunta fundamental se esconde, convenientemente esquecida, dentro daqueles que bradam por educação sem refletir sobre qual ela deva ser.

O que nos funda: um descobrimento ou uma invasão?

Refletindo sobre a escravidão, me esforço aqui em dizer que muitos, milhares de brasileiros, têm sido assassinados pelos radicais de direita ao longo da história. Tivesse eu nascido sob um regime radical de esquerda, e contra ele eu me insurgiria. Mas nasci brasileiro. Aqui, desde sempre, o radicalismo de direita tem sido a norma. Quem vê radicalismo apenas nas ideias do PSTU é porque não admite o radicalismo do mundo de direita ao qual elas se opõem.

Entretanto, eu não santifico a esquerda. A política tem sido o lugar onde muitos covardes se escondem. Há desonestos por todos os lados.

As incompetências e desmandos da esquerda brasileira são de uma evidência impossível de negar. Mas nem por isso o radicalismo de direita fica autorizado; pois ele tem sido, igual e mais frequentemente — numa proporção de mil para um —, nefasto para o país.

Apenas o bom senso poderá nos conduzir em paz ao futuro. Como eu temia, a luta político-partidária terminou por monopolizar as nossas atenções; e assuntos concretos deixam de ser observados. Se estudássemos história do Brasil e do mundo, em vez de darmos atenção ao show publicitário dos políticos, faríamos melhor política e votaríamos melhor, eu acho. Nosso maior inimigo é a incultura!

Busco me colocar equidistante dos extremos, mas o país onde nasci e vivo foi moldado pelo radicalismo da escravidão — comércio sem freio moral, lucro particular a qualquer custo, Estado aliado às elites econômicas —; um mundo de direita, portanto. Por isso estou à esquerda, radicalmente. E vocês?

Em 11 de setembro de 2018

Bom dia.

Sugiro a leitura do artigo de Eliane Brum, no jornal *El País Brasil*, de hoje.

Excelente reflexão sobre o desgoverno que a violência produz, e a temperança que se espera de quem se oferece ao escrutínio popular.

Uma coisa: incitações à violência são atos abjetos, venham de qual coloração ideológica vierem. As vozes de esquerda que falam em sangue cometem a mesma irresponsabilidade que as vozes de direita. E nunca é demais lembrar que o sangue derramado é sempre o dos soldados ou dos militantes. Generais e líderes mantêm-se, em nome de salvaguardar a liderança, sempre na retaguarda. Quem pede sangue nunca se refere ao próprio sangue, mas ao dos subalternos e dos inimigos. Os sanguinários sempre querem se manter vivos. São covardes, portanto; sejam de direita ou de esquerda.

Mas, como disse ontem, acredito que a agressão que nos funda é a barbárie da escravidão; e que ela é, ainda hoje, a razão primeira das nossas mazelas. Quem a nega está cego para toda a realidade. E, no Brasil, a força das propostas de esquerda e a sua contundência são uma tentativa apaixonada de defender o povo contra a exploração sistemática que lhe é imposta pelos beneficiários da economia.

O triste fato de pessoas da esquerda terem traído a causa não faz o pensamento de esquerda falso ou errado. Sem razão ficam os defensores das esquerdas que não admitem a traição dos traidores e acobertam as suas falhas. Quanto à direita, eu, pessoalmente, nunca vi nela boas razões. Mas tenho amigos lá. Bons amigos, boas pessoas, equivocados segundo o meu juízo. Eu os abraço, tolero e respeito. E, sobretudo, eu me esforço em ouvi-los! Minhas convicções de esquerda não me fazem surdo aos argumentos da direita. De mim, eu só exijo que eu não me torne um radical. Mantenho-me radicalmente à esquerda contrapesando a radicalidade com que o Brasil tem sido governado pela direita, mas estou pronto para abrandar a minha posição tão logo o agressor original — os escravocratas — admitam a responsabilidade deles.

Na paz. Mas uma paz real, aquela que é o mesmo que justiça social.

P.S.: Vou tomar café da manhã com colegas do PSTU. Espero fazer o mesmo com colegas do Novo, se der. E Ciro continua cada vez mais sendo uma boa possibilidade. Não acham?

Em 12 de setembro de 2018

> ILUSTRAÇÃO:
> FOTO EM QUE APAREÇO COM POLÍTICOS
> DO PSTU.

Bom dia.

Os meus colegas do PSTU têm uma visão de mundo fortemente determinada pelo marxismo, é bem verdade. Mas, conversando com eles, me pareceu que o desejo de mudar o mundo, que neles é tão apaixonado, surge das vidas difíceis que lhes tem cabido viver; tanto ou mais do que da ideologia que os orienta.

Quem sou eu para dizer alguma coisa sobre eles que eles mesmos não dirão muito mais bem dito do que eu?

Apenas: me valho da notoriedade que o trabalho em televisão me deu para pedir atenção a todos os Brasis que no Brasil, em simbiose inevitável, convivem. Eu, do indiferente paraíso branco onde nasci, peço aos filhos da escravidão que me aceitem à mesa deles. E que eles me libertem da prisão onde a história me colocou.

Meus amigos (recém-feitos!) do PSTU tiveram enorme carinho para comigo. Creio neles; o que não é o mesmo que dizer que creio em tudo o que eles creem. Mas creio neles porque creio no amor que eles têm pelo Brasil e por si mesmos antes!

O PSTU é uma voz que exige, e merece, a nossa atenção.

Os nomes dos meus novos amigos: Dayse, Cyro, Vinicius, Samantha, Júlio e Pedro.

Bom dia.

P.S.: Desculpem se não respondo a todos. Esta Ágora/Instagram é menos eficiente do que um telégrafo. De que modo no futuro haveremos de conviver? Que saudade do sol, do vento, do mar e do cheiro das pessoas!

Em 17 de setembro de 2018

ILUSTRAÇÃO:
CAPA DO LIVRO *BRASIL: NUNCA MAIS*,
PREFACIADO E ORGANIZADO POR DOM PAULO
EVARISTO ARNS.

Bom dia.

Sugiro a leitura do livro *Brasil: nunca mais*. Edição organizada e prefaciada por dom Paulo Evaristo Arns. E é na companhia de dom Paulo que nos convido a iniciarmos esta semana.

Eu cresci em uma casa católica; os meus parentes paternos eram praticantes e intelectualmente devotos do cristianismo. Os assuntos de Jesus — e da igreja dele, suas dissidências, reformas, contrarreformas, concílios, encíclicas... — foram tema de muitas conversas com a minha avó Rosita. Muita poesia cristã, muita história de santos, muitos casos de milagre, muita admiração pela arte sacra... O meu mundo infantil era povoado de cristandade e Jesus era meu colega de brincadeiras, o amigo invisível que de fato existia!

Quantas vezes meu pai leu para mim *O guardador de rebanhos*, de Fernando Pessoa! ("Pensar em Deus é desobedecer a Deus, / porque Deus quis que o não conhecêssemos, / por isso se nos não mostrou...") Mas também sofri a influência de minha mãe. Igualmente me marcou o vigoroso ceticismo dela e a fé na psicanálise e nas razões humanas da humanidade.

Lembro dessas minhas biografias para dizer que eu, que não me julgo merecedor da fé, respeito com paixão os ideais cristãos; e muito me ofende assistir, nesse momento do Brasil, ao nome de Jesus ser reclamado a todo instante para justificar desejo de poder de políticos! Ou mesmo por jogadores de futebol que agradecem seus gols aos céus! (Deus torce pela beleza do jogo, e não por algum time, eu diria se cresse.)

Por isso sugiro a leitura do livro citado na imagem; e recomendo conhecer a vida de dom Paulo. Ali encontraremos um verdadeiro cristão; e não porque fosse católico — a confissão é o de menos —, mas porque amava como Jesus propôs que amássemos.

O livro contra a tortura praticada pelo Estado brasileiro, que dom Paulo organizou, é o testemunho maior do seu cristianismo. Aos amigos que se sentem certos da fé que em mim vacila, eu peço que se aproximem de dom Paulo e confiem no que ele diz. E pensem bem!

P.S.: A eleição não esgotará as nossas questões. Nossas divergências continuarão a existir depois do pleito. O outro não desaparece porque foi derrotado nas urnas. Teremos sempre que conviver; ou rachamos a nação.

Em 17 de setembro de 2018

ILUSTRAÇÃO:
CHAMADA DE MATÉRIA NO *NEXO JORNAL*:
"A admissão pública da violência do
Estado francês na Argélia."

Bom começo de noite, colegas.

Desculpem me fazer presente duas vezes em um mesmo dia; mas não pude deixar de ressaltar a importância histórica do reconhecimento francês da barbárie praticada por eles na Argélia. É uma das muitas atrocidades que diversas nações europeias praticaram em África e alhures.

Quase sempre, são os governos que fazem guerras; não os povos. E o erro reconhecido deve ser debitado, não a quem o reconhece hoje — este tem o mérito de haver reconhecido —, mas a quem o praticou: os governantes daqueles presentes.

Há muito me incomodava a resistência dos europeus em reverem a narrativa que fazem da expansão da sua cultura pelo planeta. Há muito me irritava a dificuldade de os europeus pedirem desculpas pelo que fizeram seus ancestrais. Imagino que deva ser constrangedor para eles sustentarem a lenda de suas ditas conquistas como se fossem feitos heroicos; e não o assalto à terra alheia que em verdade foram. A iniciativa francesa é louvável e espero que ajude a escrever a verdadeira história. Só assim outras invasões, hoje disfarçadas de globalização da economia, poderão ser vistas como a violência aos costumes produtivos locais que, via de regra, é que são. (Outras, não. Mas as exceções são poucas.)

Liberté, égalité, fraternité. Et vérité!

Eu, que adoro a França e os franceses, hoje adoro um pouco mais!

Em 18 de setembro de 2018

Bom dia. Não sei como nem por que a humanidade chegou aonde estamos. A produção de um conforto absoluto, que nos quase faz esquecer que temos um corpo (tão livre dos incômodos dele — frio, fome, sono etc. — a tecnologia nos possibilitar estar), obtém-se pelo modo industrial de produção de bens; e este sustenta-se na maior valorização do capital frente ao trabalho. (E esta constatação é marxismo, mas não é comunismo; digo para acalmar os afobados.)

A indústria do nosso conforto produz a pobreza e a riqueza. Para enfrentar a pressão que os pobres fazem contra a exploração que os atinge, surge a engenhosa ideia de promover o bem-estar mínimo. Confortando minimamente o pobre, pode-se manter a riqueza máxima. É onde se discute o quanto do nosso esforço deve ser dedicado ao bem comum — dominado pela máquina burocrática, o Estado — e o quanto deve permanecer ao cuidado de cada um — deixando o comércio, e sua dita saudável competição, promover e equilibrar o bem-estar de todos.

Esta questão me parece ser aquela que mais — e com mais cuidado — deveríamos estar discutindo. Daí meu sonho de um embate entre Vera Lúcia e João Amoedo. Mas, pelo andar da carruagem, parece que vou ficar mesmo sonhando acordado. O debate sobre a moral e a segurança pública dominaram as conversas; e, infelizmente (por culpa de todos!), deu ensejo ao show das loucuras paranoicas a que estamos assistindo.

Com todo respeito aos colegas que ainda creem que o PT é o único — ou, o melhor — representante dos trabalhadores, eu sugiro pesquisarem as ideias do PSTU.

E aos colegas que creem que Jair, Geraldo ou outros são a novidade liberal que se anunciam, eu sugiro que examinem as ideias do partido Novo.

E aos colegas que não sabem o que fazer, sugiro votar em Ciro. Ganharemos quatro anos de algum sossego — assim espero! — para podermos pensar com mais vagar e profundidade nas verdadeiras questões que interessam.

Minha modesta opinião.

P.S.: Os que xingam, eu bloqueio. Acho que é tempo de afastar do convívio quem não tem interesse sincero em conviver. A violência se alimenta da reação que provoca. Recusar o convívio é a atitude mais educativa perante o malcriado. Fiquem de castigo, na solidão de conviverem com os seus iguais apenas. Quando se cansarem de comer o próprio fígado, podemos lhes dar uma segunda chance.

Boa semana.

Em 19 de setembro de 2018

ILUSTRAÇÃO:
CAPA DE DOIS LIVROS: *HELP*, UM LIVRO
PARA ESTUDAR INGLÊS SOZINHO; E *BRASIL:
NUNCA MAIS*, ORGANIZADO POR DOM PAULO
EVARISTO ARNS.

Boa tarde. Sugiro este livro; ótimo para quem gosta de estudar. E o outro, para quem gosta de estudar também.

Opinião minha: eu acho que a polarização entre Luiz Inácio e Jair produz uma conversa sem conteúdo objetivo, que não contempla nenhuma questão consequente. De um lado, Jair, que não tem projeto algum para o país; ele apenas grita bravatas de macho e captura, com essa simplificação, o desejo de solução imediata dos problemas nacionais; principalmente, a violência, que atinge a todos, a começar pelos pobres; a quem ele nada promete proteger. E do outro lado, Luiz Inácio, que também não oferece nada de objetivo; apenas apela, publicitariamente, para a lembrança dos bons governos que diz ter feito.

As candidaturas de Luiz Inácio e Jair não se movem, a meu ver, por um desinteressado amor pelo país (se é que algum amor é desinteressado). Elas são projetos egoístas de glória pessoal; delírios de grandeza, sonhos infantis de heroicidade.

E a paixão narcisista que lhes agrada despertar nos seus seguidores (uma adoração de natureza quase erótica, típica de mal-amados ou mal-amadas) produz o fanatismo inconsequente que ora divide a campanha eleitoral.

Luiz Inácio e seus colegas do PT deveriam reconhecer os seus erros imensos e, quando muito, oferecerem o seu humilde apoio a outras agremiações de esquerda que estão em muito melhor condição de resgatar o Brasil da confusão em que está.

Os simpatizantes de Jair deveriam olhar para o Cristo na cruz, que devem ter em suas paredes, e se perguntarem se, diante da dor do Deus deles, não é um pecado apoiar uma pessoa que, inúmeras vezes e de modo inequívoco, tem defendido a legitimidade da tortura praticada no Brasil pelo Estado militarizado do golpe de 1964. Melhor serviço fariam às suas consciências e à sua fé.

Mas, a ter que enfrentar um ou outro no governo, eu me decido por Luiz Inácio. Prefiro ter que lidar com este, cujos erros consigo tolerar, a lidar com aquele, cujo discurso faz antever erros intoleráveis.

Gostaria de votar em Vera Lúcia e ter como opositor João; pois acredito que a conversa entre eles seria mais honesta do que a atual, entre Jair e Luiz Inácio.

Mas, em vista da polarização patética entre os dois últimos, surge a urgência de Ciro.

Em 21 de setembro de 2018

Bom dia. O que acham: o voto não é decidido apenas pela análise objetiva das candidaturas. Escolher o líder é também escolher um modelo, um exemplo, um alter ego que seja o mais semelhante possível ao ego e menos alter possível, portanto.

O que determina a escolha, e a inflexibilidade da decisão, é algo muito remoto na pessoa; forças forjadas nos primórdios da constituição da civilidade em nós; desejo de ser tal como os pais que nos protegem e criam. Eu diria que é a criança que vota, e não o adulto.

Percebo em mim a força da educação que tive me levando a escolher o meu voto. Trago o meu pai e a minha mãe comigo para dentro da zona eleitoral; e, com eles, minha classe social, minha genética, minha cultura... minha (in)consciência política. Difícil deixar de ser a pessoa que quando criança eu desejei ser e aprendi a ser por imitação aos modelos que tive.

E quão mais rigorosa tenha sido a educação que recebeu, mais inflexível será a convicção da pessoa. Vivemos imobilizados em quem somos. E votamos com paixão às expensas da razão. Votamos infantilmente, buscando o modelo do qual somos igual; votamos na pessoa que queremos ser. Por isso os candidatos se esforçam em parecer serem a pessoa que nós desejamos que eles sejam, para sermos iguais a ele, ou, ele igual a nós.

"Não há ninguém que eu não inveje apenas por não ser eu", Fernando Pessoa. Nessa hora, eu também. Queria saber ser outro para poder pensar livre de mim; e votar com sabedoria, e não por identificação.

Todos almejamos chegar ao poder através da identificação absoluta com o nosso escolhido; isso porque, em verdade, não temos poder algum. Vivemos subjugados pela burocracia do Estado; nossa vida é determinada pela vontade dos outros. Que o Estado esteja em mãos que se assemelham as nossas, então, é o que desejamos!

Melhor seria não haver tanto Estado. Mas de que modo administraríamos as nossas coisas em comum? Eu não sei. É uma boa pergunta que poderíamos nos fazer quando esse dia, finalmente, chegasse. Por hora, vivemos na ilusão de estarmos representados pelos nossos representantes. Adultos governados pelas crianças que fomos, escolhemos adultos infantilizados para nos representar.

Só a liberdade faz a pessoa se des-envolver. E ela nos falta. Bom dia.

P.S.: Em suma: Todos votamos no pai. Se conseguíssemos votar na mãe, já seria grande progresso!

Em 22 de setembro de 2018

Bom dia.

Reproduzo palavras de Bono, vocalista do U2, que li num lugar internético desses, chamado Daily Kos. Trata-se de um discurso em agradecimento à Liberty Medal etc.

> Today I read in *The Economist* an article reporting that over 38% of Americans support some type of torture in exceptional circumstances. My country? No. Your country. Tell me no. Today, when I receive this great honor, I ask you, I implore you as an Irishman who has seen some of these close up, I ask you to remember YOU NOT HAVE TO BECOME A MONSTER TO DEFEAT A MONSTER. Your America's better than that.*

Estarmos diante do monstro é o que nos deforma. O problema é que só vemos a monstruosidade na escolha do outro, e nunca na nossa. A violência tremenda que nos agride hoje é a mesma que nos fundou: a

---

* "Hoje li um artigo na *The Economist* que apurou que mais de 38% dos americanos são a favor de algum tipo de tortura em circunstâncias excepcionais. Meu país? Não. Seu país. Me digam que não. Hoje, ao receber essa grande honra, peço que se lembrem que VOCÊ NÃO PRECISA SE TORNAR UM MONSTRO PARA DERROTAR UM MONSTRO. Seu país é melhor que isso."

escravidão. Mas dela, pouco queremos falar. Fingimos que não foi obra nossa, que não teve consequências; fingimos que ela já terminou. Digo que não! Mas reconheço — como alguns me dizem — que quando somos pessoalmente atingidos pela violência do assalto, ou outras piores, sentimos um ódio que é legítimo sentir. Impossível negar. É inumano esperar que alguém não odeie quem o ataca. E por isso mesmo devemos compreender o ódio que sentem aqueles que têm sido historicamente, incansavelmente, cruelmente atacados pela escravidão e sua permanência nos desvãos da nossa democracia.

Sinceramente, desejo votar no PSTU, não porque eu tenha certeza da eficiência do que eles propõem — nem cultura tenho para saber tanto —, mas porque reconheço a monstruosidade da injustiça social brasileira e detesto o sofrimento que ela causa a seres que são tão humanos quanto eu.

A solução objetiva para as economias, transportes, polícias, hospitais, escolas... não sei bem quais sejam; mas a resposta começa pelo reconhecimento do monstro que vemos no espelho.

Essa é a minha opinião, o mais pacífico que consigo ser.

Em 26 de setembro de 2018

A razão que faz alguém votar em Luiz Inácio, eu creio que consigo entender. Real ou simbolicamente, o PT representa, para muitos ainda, a emancipação do povo brasileiro da histórica opressão que lhe é imposta desde a escravidão. O poder dessa esperança é mesmo tremendo e faz perdurar em muitos o sonho de ver o Brasil redimido por obra petista. Posso compreender, independentemente de crer ou não. Mas o interesse por outros políticos, alguns com passagem pífia pela administração pública, outros crivados de processos ou até condenações, não percebo por que se mantém, dando a eles enorme chance de se reelegerem! Alguém tem alguma suspeita da razão de ser assim?

É uma tragédia que essa gente se mantenha eleita e se reelegendo indefinidamente. A política deveria ser uma atividade amadora. Só assim deixaria de atrair vagabundos.

O poder é uma droga poderosa. Eu vi de perto colegas meus se esquecerem da arte e passarem a ambicionar cargos de chefia; pura ambição de mandar. Poderosos não têm vida regular, não tratam de banalidades cotidianas, têm quem os faça tudo. Esse é o prazer do poder: não ser ninguém, ser o título. Vereador, deputado, senador, prefeito, governador, presidente, juiz, desembargador, ministro, chefe, líder.

A pessoa se oferecer para tratar do bem comum é uma ótima desculpa para não ter que tratar das próprias obrigações pessoais. Duvido que homens públicos lavem as próprias cuecas, banheiros, que passeiem os seus cachorros, paguem pessoalmente as suas contas... Nunca! Sobram-lhes assessores. Difícil é viver a banalidade das tarefas cotidianas; mas é nelas que vivenciamos a realidade. Se as drogas vão permanecer proibidas, que se proíba então o poder, pois ele é, entre todas, a mais poderosa.

Desculpem a irritação, mas tem se tornado cansativo assistir ao show de mentiras e promessas milagrosas com que os políticos nos tentam arrancar o voto. E o pior é que tanta mentira — por parte deles e do negócio da informação — fez a verdade irreconhecível. Quão desesperador é saber que Jair é o pior de todos e não conseguir convencer ninguém dessa evidência, por mais óbvia que ela seja! Culpa da Babel de mentiras que nos impuseram os mentirosos de todas as tendências. Culpa deles! De tanto terem compactuado com o jogo sórdido da política, quando agora precisamos dizer a verdade, ninguém a reconhece. Salvo quem já a conhecia. Tristeza.

Em 28 de setembro de 2018

> ILUSTRAÇÃO:
> CHAMADA DE ARTIGO NO JORNAL
> *EL PAÍS BRASIL:*
> *"Mulheres contra a opressão."*

Bom dia. Sugiro o artigo de Eliane Brum.

Fala de muito; entre o que fala, diz do estelionato religioso que esconde projeto de enriquecimento pessoal e ganas de poder; assunto/denúncia que é muito caro. De fato, me sinto ultrajado pela apropriação da pessoa e da palavra de Jesus para promoção da violência! É algo insuportável, ainda mais para mim que admiro O Cristo e não tenho religião.

#Elenão, para mim, significa "eles todos não!". Mas sabendo, como sei, que algum deles terá que ser, aí já não são todos iguais, de modo algum.

É chegada a hora, colegas. Com os nossos melhores argumentos, com o menor uso de recursos de publicidade possível, enfrentando o limite extremo da nossa tolerância, é chegada a hora de afirmar em uníssono ELE NÃO. Os que se fazem cegos para poderem apoiar o inominável terão que se fazer de surdos também. Jair é um assassino da democracia. Muitos podem ser acusados de muita coisa e até da mesma coisa. Ok. Discutiremos outra hora. Por agora, evitar Messias é o nosso único foco, tamanho problema ele se tornou. Não deveria ser assim, mas...

#Elenão

Em 30 de setembro de 2018

> ILUSTRAÇÃO:
> CAPA DO LIVRO *OS BEBÊS E SUAS MÃES*,
> DE D.W. WINNICOTT

Bom dia!

Acredito que as manifestações de ontem* foram precisas em dizer que a oposição a Messias é uma defesa da democracia — e, diria até mais, da própria CIVILIDADE — e jamais apenas, como dizem quem nos ataca, uma defesa deste ou daquele partido político. (Todos os partidos são problema, na minha opinião.)

A incivilidade de Messias e de quem o cerca — seus filhos, seu vice, seu economista e demais acólitos — haverá de ser derrotada pelo gesto mais poderoso da humanidade em nós: a maternidade! Foi isso que eu aprendi com o dia de ontem.

As evidências do mal em Messias, e nos seus, são tantas — inúmeras declarações, algumas dentro do próprio Congresso — que haver quem as negue, ou as atenue, é a confirmação do mal insidioso que ele encarna. Como pode alguém achar dentro de si argumentos para desculpar elogio a um comprovado torturador, como Messias fez, perante

---

* Dia seguinte à manifestação de mulheres em todo o país em repúdio à candidatura de Jair Messias.

uma das vítimas dessa desumanidade?! Nada explica. Ou mesmo que explique, não desagrava. Tortura é prazer em provocar dor; nunca nada diferente disso!

Sugiro o livro de Winnicott: *Os bebês e suas mães*. Sugiro para todos nós; mas, com especial empenho, sugiro esta agradável leitura para aqueles que pretendem se valer da democracia votando em quem deseja destruí-la: os eleitores de Messias, o Jair. Sugiro que leiam e que adotem um gatinho.

A convivência com animais humaniza as pessoas; educa o afeto, desmoraliza a arrogância da razão e desperta a feminilidade em nós. Chega de sermos homens!

O que nos salvará da escuridão haverá de ser quem nos deu à luz e a luz!

Ontem eu me senti próximo de minha mãe. Mas nada é simples; daí a necessidade de ler Winnicott!

As eleições? Tornaram-se um plebiscito: CIVILIDADE ou BAR-BÁRIE.

O mais é tentar limpar o Legislativo de ladrões históricos. A discussão sobre projetos objetivos para o Brasil fica adiada para quando a democracia estiver assegurada. Sei que há problemas urgentes: brasileiros vivendo no centro da violência. Teremos que organizar a nossa defesa, mas ela tem que ser defesa da civilidade ou é defesa de coisa nenhuma; é ilusão vendida por falsos messias. Essa é a minha opinião.

Bom domingo.

Em 1º de outubro de 2018

> TRANSCRIÇÃO DE VÍDEO:
>
> *"Eu acho que as pessoas que defendem o confronto como solução para os problemas imensos da violência que se organizou no Brasil deveriam perceber que garotos de 20 anos de idade é que irão para a batalha, lutar por elas. Ninguém que está defendendo o confronto está pensando em ir ele mesmo lutar. Está certo de que vai mandar alguém; que vai pagar um menino pobre, de 20 e poucos anos, para entrar na polícia e o polícia vai lá morrer por ele.*
>
> *Por isso é que eu não defendo o confronto. Eu defendo milhares de outras ações antes, mas muito antes, de chegar ao confronto. Eu acho que a pessoa que defende o confronto deveria se dispor a ser o combatente e não esperar que uma outra pessoa combata por ela."*

Bom dia.

Contra a violência, eu, sem possuir expertise no assunto, faria:

1) Organizar o espaço urbano. É impossível imaginar ser possível estabelecer qualquer ordem sem ordenar antes o caos urbano onde moram tantos brasileiros. É trabalho de enorme

complexidade e custo; mas tão fundamental que o coloco em primeiro lugar.

2) Providenciar a chegada dos serviços públicos: escolas, hospitais, creches, saneamento, cinemas, teatros, bailes, bibliotecas, campos de futebol...

3) Pensar de que modo deve ser a escola brasileira. Este deveria ser o item 1, mas nem ele pode florir no caos urbano e sem os serviços. (Repito: não sou especialista; falo por inspiração amadora.) Precisamos pensar quem somos para podermos ensinar o Brasil nas escolas. Ensinar todos os modos de ser brasileiro que nos fazem sermos todos brasileiros, não importa de que modo sejamos. Ensinar a cultura e a natureza dos povos que nos formam. Ninguém pode ser brasileiro sendo apenas europeu.

5) Valorizar o trabalho frente ao capital; submeter o lucro à função social do serviço oferecido pela empresa; deixar de temer a emancipação dos pobres.

6) Legalizar as drogas e alertar quanto aos perigos do seu uso. (Se você é contra a legalização das drogas, mas bebe álcool, que é tão droga quanto qualquer outra, proíba-se então o álcool também! Não dou uma semana para você mudar de ideia. É muito cômodo querer proibida apenas a droga do outro! Cômodo e falso.)

7) Respeitar e amar quem se oferece a ser policial; garantindo a eles todo o apoio que trabalho de tanta importância merece. Hoje tratamos nossa polícia muito mal; não lhes pagamos bem, não protegemos a família deles, não lhes damos uma boa, longa e democrática formação. Nós apenas pedimos que eles morram por nós!

8) Repensar todo o sistema punitivo! Todo ele me parece ineficiente, burro, cruel, desumano... E, uma vez isso feito, aí sim, sermos severos no seu cumprimento.

9) Desarmar o bandido, a população e, por fim, a própria polícia.

10) Mudar tudo! Imaginar outros modos de convívio; imaginar um Brasil diferente do que já conhecemos; imaginar um Brasil 100% afinado com a ecologia, no sentido que lhe dá Leonardo Boff.

O confronto direto é o que sempre fizemos e nunca deu certo.

Em 1º de outubro de 2018

> ILUSTRAÇÃO:
> CHAMADA DE MATÉRIA NO SITE
> DE NOTÍCIAS UOL:
> *"Estreantes, filhos de Campos, Richa,*
> *Crivella e Cunha recebem mais recursos."*

Desculpem insistir, mas é revoltante. Com favorecimentos desse tipo é que famílias se perpetuam no poder! Não devíamos eleger sobrenomes! Eduardo — o da Paes — disse que crimes não se herdam, por isso filhos de políticos condenados não podem ser responsabilizados. É verdade, mas apenas enquanto vierem a público dizer que reconhecem os erros de seus pais, uma vez que a justiça os condenou. Se não o fizerem, é porque aprenderam a desonestidade em casa. Alguém viu algum filho de político reconhecer os erros dos seus progenitores? Mais comum é os pintarem como vítimas.

Amigos, nossos inimigos são muitos! Políticos são o problema, e não a solução. Crer com paixão cega em qualquer um deles é uma irresponsabilidade tremenda. Nossa vigília por cidadania (e, nesta urgência contra Messias, por civilidade) deve prosseguir para além das eleições. O país nos está sendo roubado todos os dias. A nossa verdadeira luta começará depois das eleições. Daí ser fundamental preservar a democracia. Só nela poderemos nos organizar em paz. Fora dela, tudo é imprevisível.

Messias e seus filhos, não deveríamos eleger nenhum deles! Se querem combater o crime com violência e mais nada, que se alistem na PM. Lá a vida é dura. Muito mais do que nas assembleias! E paga muito menos do que a senadores, deputados e vereadores. É fácil querer ver o circo pegar fogo de dentro de um salão com ar condicionado. Deem o exemplo. Se creem no confronto sem preocupação social, que ofereçam a própria vida pela nossa segurança. Isso sim seria o certo; e não expor pobres jovens brasileiros aos seus desmandos. Não lhes parece que seria justo que o fizessem já que pregam tal política?

Duvido que o façam. Os filhos de Messias são valentes apenas para tirar fotografias.

Vou de Vera Lúcia, e no PSTU. Quero votar! Tomara, eu possa. Não me interessa apenas o que querem os candidatos do PSTU (tudo se pode aprimorar); me fio em quem me parecem ser: pessoas de bem.

Essa é a minha opinião. Qual é a sua? Mas, por favor, argumentos. Desaforos e questões sobre onde eu moro, adote um gatinho.

Em 1º de outubro de 2018

Sugiro texto de Eliane Brum que Graziella Moretto me sugeriu: "#EleNão. #NósSim.", publicado no *El País Brasil*.

Se você pensa em votar em Messias, sugiro que leia o texto de Eliane. E que conheça quem é o torturador Carlos Alberto Brilhante Ustra, ídolo do seu messias. E caso você confirme o seu voto nele, não queira se fazer passar por inocente. É impossível ser inocente tendo à mão informações confirmadas como as de que dispomos sobre estas macabras pessoas. Você terá votado em um fã de sádicos covardes, traidores da civilização.

E quanto ao machismo dos outros candidatos, ou a corrupção, ou quaisquer defeitos que você encontre neles, não os amenizo. São todos péssimos, se você quiser pensar assim. Mas, mesmo assim, você terá escolhido o mais abominável entre todos; e sabendo o que fez.

Essa é a minha opinião sobre Messias e sobre quem vota nele.

Leiam Eliane Brum! Leiam com humildade e vejam se aprendem alguma coisa que lhes escapou de aprender com a boa mãe que tiveram ou deveriam ter tido.

E nada mais, por hora, quero dizer. Nos vemos depois das eleições.

Aos amigos: obrigado, de coração, pela companhia nesses dias de tumulto. Em um universo de umas 120 mil pessoas, de todas as tendências, conto nos dedos os desentendimentos que tive. E nos de uma mão, os sem educação que bloqueei — porque não dou conversa para pervertidos que gostam de agredir! Considero, portanto, ter sido um convívio salutar. E agradeço.

Agora, penso que devo me aquietar. Já falei tudo o que tinha para dizer.

Bom voto!

Em 2 de outubro de 2018

Bom dia! Eu queria fazer silêncio — acho que é hora de deixar o silêncio agir sobre nós —, mas Sérgio Moro e sua ilegal determinação de ser um agente político, e não apenas o juiz federal que o pagamos para ser, me desassossegaram a ponto de eu ter que falar. Mas como já disse tudo o que tinha pra dizer, republico texto de uns dias atrás:

Opinião minha: eu acho que a polarização entre Luiz Inácio e Jair produz uma conversa sem conteúdo objetivo, que não contempla nenhuma questão consequente. De um lado, Jair, que não tem projeto algum para o país; ele apenas grita bravatas de macho e captura, com essa simplificação, o desejo de solução imediata dos problemas nacionais; principalmente, a violência, que atinge a todos, a começar pelos pobres; a quem ele nada promete proteger. E do outro lado, Luiz Inácio, que também não oferece nada de objetivo; apenas apela, publicitariamente, para a lembrança dos bons governos que diz ter feito.

As candidaturas de Luiz Inácio e Jair não se movem, a meu ver, por um desinteressado amor pelo país (se é que algum amor é desinteressado). Elas são projetos egoístas de glória pessoal; delírios de grandeza, sonhos infantis de heroicidade.

E a paixão narcisista que lhes agrada despertar nos seus seguidores (uma adoração de natureza quase erótica, típica de mal-amados ou mal-amadas) produz o fanatismo inconsequente que ora divide a campanha eleitoral.

Luiz Inácio e seus colegas do PT deveriam reconhecer os seus erros imensos, e, quando muito, oferecerem o seu humilde apoio a outras agremiações de esquerda que estão em muito melhor condição de resgatar o Brasil da confusão em que está.

Os simpatizantes de Jair deveriam olhar para o Cristo na cruz, que devem ter em suas paredes, e se perguntarem se, diante da dor do Deus deles, não é um pecado apoiar uma pessoa que, inúmeras vezes e de modo inequívoco, tem defendido a legitimidade da tortura praticada no Brasil pelo Estado militarizado do golpe de 1964. Melhor serviço fariam às suas consciências e à sua fé.

P.S.: (escrito hoje) A desorganização da Nicarágua é terrível descaminho da Revolução Sandinista. Um crime.

Em 3 de outubro de 2018

Boa tarde. Antes de eu propor aqui, claramente, o voto em Ciro, este sossegado recanto da internet chamava pouca atenção dos militantes messiânicos de Jair. Mas quando o fiz, vieram muitos me agredir. Soube, por me contar quem secretamente frequentou grupos de apoio a Jair, que eles estão muito organizados para atuarem prontamente diante de tudo que lhes pareça uma ameaça. Parece que assim compreenderam meu apelo por Ciro. Bom sinal.

Verificando os perfis de quem me ataca, percebi que pareciam falsos, ou padronizados. Diziam as mesmas frases, como se seguissem um manual; o que faz pensar que é uma reação que obedece a um comando — militar, talvez.

Às vezes, desconfio que há uma estrutura gigantesca por trás de Messias; que ele nem é o líder verdadeiro desse grupo. Tudo muito suspeito. As ditaduras — de esquerda ou de direita — criam rapidamente seus mecanismos paraestatais de ação. Desconfio que algo já está se organizando sob o tecido fino da legalidade.

O voto convicto em Ciro Gomes, 12, me parece ser a nossa única chance. E tem que ser um voto maciço. O PT está por demais destruído — por si mesmo e pelos inimigos da brasilidade — para merecer a nossa confiança; minha opinião. E, pelo grande número de ataques que sofri, parece ser a opinião dos apoiadores que trabalham, sob ordens e estrita orientação, na candidatura de Jair.

Sobre Sérgio Moro, a quem muitos defendem com paixão, eu o critico fortemente quanto ao caráter e à honestidade profissional; não pelo que julga, mas pelo uso político que faz das informações que disponibiliza e pelo modo como avança ou retarda procedimentos de acordo com a agenda política. Quanto à Operação Lava Jato, obra de muitos — de Rodrigo Janot, sobretudo —, sou o mais entusiasmado fã. Mas uma coisa não perdoa a outra. Sérgio não tem retidão ética. É a minha opinião. Há muitas. Convivamos.

Em 4 de outubro de 2018

> TRANSCRIÇÃO DE VÍDEO:
>
> *"Quando uma pessoa diz: 'Deus acima de tudo', ela está dizendo 'o meu Deus acima de tudo'. Ela não está dizendo 'o Deus de cada um está acima de tudo', ou 'os deuses', ou 'nenhum Deus'. A pessoa está falando sempre do Deus dela. Mas ela não pode dizer 'o meu Deus', porque se ela disser 'o meu Deus', ela revela que está querendo autorizar a opinião que tem com a chancela de uma autoridade divina, para que essa opinião possa ser incontestável, uma vez que ela estaria acima das coisas humanas.*
>
> *Por isso eu digo: 'Democracia acima de tudo, até de Deus.' Porque se não houver democracia, você não poderá nem cultivar a crença no Deus que você escolheu.*
>
> *E mais: Deus não está acima de quem não crê em Deus. Por isso, o Estado tem que ser laico.*
>
> *Com respeito por todas as opiniões e todas as fés."*

Fascismos existem de direita e de esquerda. No fascismo de direita, a religião é o grande fiador; nos de esquerda, alguma ideologia assume a função religiosa de professar verdade incontestável.

Apenas a compreensão de que cada pessoa produz as suas opiniões de modo a fazer o mundo perfeito para si torna possível a flexibilização das convicções, condição fundamental para o convívio democrático.

O fascismo surge de uma frustração com a democracia. A democracia brasileira tem claudicado por causa da desonestidade da quase totalidade da classe política e das elites econômicas a ela associadas.

Mentiram tanto, por tanto tempo, todos eles — criaram-se recentemente as ditas redes sociais, ambientes propícios a proliferação industrial de inverdades —, que eu hoje considero impossível proteger uma verdade de ser deformada por versões falsificadas dela. Os agentes públicos agem todos como jogadores de futebol: negam, ofendidos e revoltados, as faltas que cometem mesmo quando o vídeo-árbitro as expõe em câmera lenta.

Esta minha praia virtual está infestada de robôs messiânicos que vieram aqui criar apenas desinformação; iludir que o Messias tem apoio maior do que tem. Messias Júnior esteve com o publicitário de Trump para aprender técnicas de uso destes espaços para propagação do que lhes convier. Assim se fez a eleição nos EUA, o Brexit, a autocracia de Putin e a fortuna dos donos do Google, do Facebook e afins. O comércio da falsa liberdade destruiu o ambiente democrático antes mesmo que ele houvesse se consolidado. Se antes mentiam os jornais, as televisões e as rádios, hoje mentem todos os que quiserem. Democratizou-se o poder de mentir.

A verdade hoje vive sob o ataque constante da mentira absoluta. Mas eu ainda creio que só acredita na mentira quem deseja ser enganado. Entre os livros *Brasil: nunca mais*, organizado sob a responsabilidade de dom Paulo Evaristo Arns, e o livro *A verdade sufocada*, escrito por Ustra, a pessoa é livre para decidir se quem diz a verdade é o santo ou o demônio. Não há pureza em quem votar no fascista. Que venham os robôs me ofender.

Voto 12! Por necessidade.

Em 5 de outubro de 2018

> ILUSTRAÇÃO:
> CHAMADA DE MATÉRIA NO JORNAL
> *EL PAÍS BRASIL:*
> *"A bênção de Edir Macedo para*
> *Jair Bolsonaro na TV."*

Uma empresa que explora uma concessão pública — e mesmo que não fosse — não pode conceder 30 minutos de propaganda travestida de jornalismo ao candidato de sua escolha. Edir, autoproclamado bispo, é um desses empresários da fé; vende falso conforto religioso — promessa de enriquecimento e saúde — se a pessoa antes, muito antes, pagar dízimo. Ele usa a desculpa de que o dinheiro é para custear a obra do Senhor. Tudo mentira. Há mais de vinte anos fiz cena de teatro sobre esse charlatanismo religioso. Falsidade há em todas as religiões: Candomblé, umbanda, islã, judaísmo, budismo... Assim como também há pessoas de bem, sinceramente crentes das suas crenças. Mas Edir é comerciante; não tem uma gota do sangue de Cristo em nada do que ele diz ou faz.

Ficarmos calados diante da exploração das angústias do povo por mercadores de ilusórias redenções cristãs está nos custando a história!

As pessoas de bem têm sido cordatas em demasia diante da apropriação desonesta do anseio por religião do povo brasileiro. O silêncio ofereceu terreno para a mentira se desenvolver. Todos os políticos, ou quase todos, pedem a bênção a estes desonestos da fé; intelectuais criticam com timidez o fenômeno. Não devemos respeitar o que desrespeita a verdade. É covardia nossa nada dizer diante de tamanha heresia.

Gostam de Cristo? Há muitos bons pensadores cristãos que merecem leitura. Cito Jorge de Lima, o canto final de seu poema *Invenção de Orfeu*:

No momento de crer,
criando
contra as forças da morte,
a fé.

No momento de prece,
orando
pela fé que perderam
os outros.

No momento de fé
crivado
com umas setas de amor
as mãos
e os pés e o lado esquerdo
Amém.

O mais é exploração da crendice popular, crime eleitoral flagrante, desejo humano de poder na terra! Nada a ver com religião sincera!

Se você crê, respeite a sua fé e procure Jesus na verdade íntima dele com você, e não na leitura histérica da Bíblia que infesta programas religiosos nas rádios, televisões ou nos templos megalômanos dos milionários donos de igreja.

Calar diante do assassinato da verdade é um luxo de indiferença que ninguém deveria se permitir.

Ciro, 12, com todos os defeitos que ele tem, porque pesquisas indicam que ele ganha de Messias.

Em 6 de outubro de 2018

Quem vota em Messias, provavelmente, votou em Collor, e pela mesma razão: ódio ao PT. Naquela época, não se podia saber ainda que o Partido dos Trabalhadores viria a ser conivente com a corrupção da nossa vida pública, nem que alimentava desejos de se perpetuar no poder; muito menos, que se acharia no direito de custear o seu projeto — e o de seus governos amigos — com dinheiro do povo brasileiro. Mas estes, que podem vir a votar em Messias, já odiavam o PT naquela época. Esse ódio é ódio de classe. Habita o coração dos herdeiros das fortunas amealhadas durante a escravidão; é ódio de quem não aceita perder privilégios: empregados, manobristas, exclusividade de aeroportos, folguistas, ascensoristas, maîtres gentis etc. etc. sem fim; é ódio de quem não admite ver os filhos da escravidão no poder; é ódio de quem quer ser, ou já é, elite! No momento atual, com a revelação dos desmandos do Partido dos Trabalhadores, encontraram um bom argumento para justificarem o ódio que já sentiam. Esses votarão no Messias, e o escolheram porque esse é o Messias do ódio.

A desilusão sincera com o PT não produz ódio; produz tristeza, indignação, mágoa.

Os que odeiam Luiz Inácio e o PT têm pelos outros corruptos um ódio genérico; não os odeiam individualmente. Aceitam bem, por exemplo, que Moro e Bretas, independentemente da justiça que fazem (ou não fazem), pleiteiem auxílio-moradia mesmo sendo proprietários, mas vociferam contra o sítio de Lula. Não odeiam Collor, Cunha, Sarney, e tantos outros, porque pertencem à mesma classe social que eles, ou querem pertencer: a classe dos brancos colonizadores, senhores de escravo.

Há dois Brasis, a meu ver: o dos ricos e o dos pobres. E há uma decisão a tomar: escolher a barbárie dos apoiadores de torturadores ou a civilidade de um político — com todos os defeitos que todos eles têm — e ganhar tempo para pensar o país.

Nos cabe escolher algum futuro ou o passado tenebroso de 1964. Escolho o futuro. Na barbárie, morrem sempre os que já estão morrendo: os pobres! Eu não sou pobre, mas tive uma boa educação.

De Collor, pode-se dizer que era possível não saber quem ele era. Mas este messias de agora é um fascista autodeclarado. Quem votar nele saberá o que fez; terá sangue nas mãos.

Minha opinião. Voto em Ciro, 12, porque é necessário.

*Da descoberta do projeto Escola Sem Partido
até o incêndio do Museu Nacional*

5 de julho de 2018 a 4 de setembro de 2018

Capítulo 4

Procurando uma opção político-partidária para o Brasil

Em 5 de julho de 2018

Colegas, li, com grande surpresa, as teses desse movimento Escola Sem Partido.

Fiquei estarrecido. A mim me parece que eles inventaram um inimigo — que seria uma suposta lavagem cerebral dos alunos — para nos impingirem uma legislação autoritária, que criminaliza os professores!

Falam como se a educação pudesse prescindir da interpretação dos fatos históricos e esta não se fundamentasse em estruturas teóricas desenvolvidas por filósofos das ciências sociais.

O que pensam os meus colegas desta praia de luz e letras onde nos encontramos?

Os colegas creem que as palavras com aparência de sensatez, com que os defensores do Escola Sem Partido se expressam, são de fato sensatas? Ou desconfiam que o crime que elas dizem querer coibir nada mais é do que a manifestação do livre pensamento em busca da verdade histórica?

Por exemplo: o que devemos dizer aos nossos alunos? Que os europeus descobriram as Américas ou que eles invadiram o continente, dizimaram os nativos, e aqui impuseram a sua cultura para fins de exploração econômica, tudo em nome de Deus?

Onde está a verdade?

Pobre do Deus que tem gente mentirosa falando em seu nome! Jesus, e o seu esforço de amor, merece melhores cristãos do que estes que, sobre o nome dele, negam às crianças a verdade dos fatos que se revelam sob a lente das ciências humanas.

Tenho respeito pela fé! E muito! Mas respeito igualmente todas elas: cristã, judaica, muçulmana, candomblecista, o politeísmo dos índios daqui... Todas. E respeito, sobretudo, a fé no pensamento científico.

Vou entrar em cena para viver o meu *Autofalante*.* Espero não estar falando sozinho como ele.

Até breve. Amém!

---

* Peça de teatro protagonizada e com codireção do autor que retrata a solidão de um desempregado.

Em 6 de julho de 2018

> ILUSTRAÇÃO:
> CHAMADA DE MATÉRIA NO JORNAL
> *EL PAÍS BRASIL:*
> *"Elite da indústria aplaude Bolsonaro e vaia*
> *Ciro por criticar reforma trabalhista."*

Bom dia.

Dia de jogo — vamos com fé! —, mas dia de preocupação também. Minha opinião:

1) O Brasil precisa de uma reforma da lei trabalhista porque precisa de uma outra — uma completamente outra! — relação entre o capital e o trabalho. Uma relação na qual o capital valha o mesmo que o trabalho.

2) A lei aprovada sob os tenebrosos tempos do Temer, o Usurpador, atende apenas ao interesse do capital e penaliza o trabalhador.

3) Os empresários brasileiros insistem no seu direito de serem bilionários à custa da pobreza do trabalhador. Ao vaiarem quem se propõe a rever a lei atual, demonstram toda a sua insensibilidade para com o drama social brasileiro.

4) O apoio à candidatura de Lula, apesar dos crimes de que ele é acusado, não se deve a alguma aceitação destes crimes — supostos ou comprovados. O apoio a Lula se deve a ele — real ou simbolicamente — representar uma voz contra o egoísmo histórico dos empresários brasileiros. Se de fato ele e o PT o são é questão acesa, mas é outra questão. Verdadeira ou ilusória, a esperança em Lula deve-se à teimosia e à arrogância dos capitalistas brasileiros.

5) Vaiar Ciro Gomes e suas teses consistentes — concordemos com elas ou não — e aplaudir as frases irresponsáveis de Jair Messias é evidência da pobreza espiritual e intelectual dos capitalistas brasileiros; ao menos, daqueles presentes ao tal encontro.

6) Ao se manterem indiferentes ao povo, os ricos facilitam o caminho dos populistas e das teses totalitárias. É uma irresponsabilidade social que poderá vir a ter consequências drásticas.

7) Às portas do paraíso, Buda recusou-se a entrar sozinho. No paraíso, ou entramos todos ou não entra ninguém. As guerras onde se enfrentam aqueles que anseiam por justiça social e os que lutam para manter os seus privilégios dão testemunho dessa verdade.

8) Preocupa-me o Brasil. Quantos pobres são necessários para se construir a fortuna de um milionário? Ou algum economista me demonstre uma outra equação que resulte na mesma concentração de renda.

9) E por outro lado: quantas ditaduras de esquerda — e seus burocratas — ainda se perpetuarão no poder em proveito próprio valendo-se da promessa de emancipação do povo como álibi?

10) Só a verdade salva.

Em 14 de julho de 2018

> ILUSTRAÇÃO:
> CHAMADA DE ARTIGO NO JORNAL *THE GUARDIAN*:
> *"The death of truth: how we gave up on*
> *facts and ended up with Trump."**

Bom dia, colegas.

Há uns dez anos, Graziella Moretto e eu, em uma das sessões do espetáculo de improviso *Uānuêi*, enfrentamos o tema *o desaparecimento da verdade*, sugerido por nós mesmos. A questão tem sido preocupação constante nossa.

Sugiro a leitura do artigo acima, publicado no *The Guardian* de hoje, que trata do mesmo assunto.

O jogo político, valendo-se das técnicas da publicidade, produziu o reinado da mentira. Ninguém diz, ou sequer se preocupa em dizer, a verdade. As mentiras que nos contam são tantas, e tão frequentes, que quando estamos diante da verdade não a reconhecemos mais.

Eu tenho grande dificuldade em saber exatamente o que está, de fato, se passando. Dou como exemplo as notícias que nos chegam da Nicarágua. Outra revolução de esquerda, que libertou o povo de uma

---

* "A morte da verdade: como desistimos dos fatos e acabamos com Trump."

ditadura sanguinária, terá se tornado uma ditadura sanguinária também? A história está cheia de acontecimentos semelhantes, sob todas as bandeiras. Em defesa de ditaduras que surgem em oposição a outras, o argumento é sempre a defesa da liberdade que a ditadura derrotada suprimia. Assim diziam os golpistas de 1964 e os sandinistas na Nicarágua.

Independentemente da narrativa histórica para a qual eu me inclino, é preciso reconhecer que todos os lados mentem; escondem os seus defeitos com a intenção de fazer brilhar apenas as suas virtudes.

Como está dito no livro de Hannah Arendt citado no artigo do *The Guardian*, apenas ao fascismo interessa a mentira; a mentira debilita o censo crítico e aprisiona as pessoas nas falsas versões que lhes chegam.

Hoje, no Brasil, mentem políticos, religiosos de todas as crenças, jornalistas a serviço da tendência ideológica de seus empregadores, artistas obcecados com seu sucesso pessoal, publicitários sem escrúpulos, médicos, arquitetos, militares...

Minha fé e admiração ficam com os políticos, religiosos, artistas, jornalistas etc. etc. que cultivam ainda o amor pela verdade, e a colocam acima de seus interesses e de convicções anteriores.

O livro de Hannah Arendt chama-se: *Origens do totalitarismo*. Leitura de grande valor para este Brasil de agora.

Em 17 de julho de 2018

> ILUSTRAÇÃO:
> PÁGINA DO LIVRO *THE OPEN SOCIETY AND ITS ENEMIES*, DE KARL POPPER, QUE EXIBE O TRECHO EM DESTAQUE:
>
> *"Unlimited tolerance must lead to the disappearance of tolerance. If we extend unlimited tolerance even to those who are intolerant, if we are not prepared to defend a tolerant society against the onslaught of the intolerant, then the tolerant will be destroyed, and tolerance with them."**

Boa tarde.

Lendo no *New York Times* uma matéria sobre George Soros, deparei-me com referências a Karl Popper; filósofo de quem Soros teria recebido grande influência.

Fiquei curioso — me lembrava de já ter ouvido o nome, mas pouco sabia a respeito dele — e me dei o luxo de pesquisar.

---

* "A tolerância ilimitada leva ao desaparecimento da tolerância. Se estendermos a tolerância ilimitada até aqueles que são intolerantes, se não estivermos preparados para defender uma sociedade tolerante do ataque dos intolerantes, então os tolerantes serão destruídos, e com eles a tolerância."

Encontrei o texto que publiquei acima; o qual me parece muito oportuno para o Brasil dos nossos dias.

As argumentações de Popper respondem a questões que eu sempre me fiz quanto aos limites da democracia.

Em uma democracia toda expressão é livre; mesmo daquilo que seja antidemocrático. Em tese, é isso mesmo. Mas me inquietava um sistema suportar a sua própria negação, e aceitar conviver com o que defende o seu fim.

O pequeno trecho que li de Karl Popper acalmou o meu coração.

Sugiro a leitura — deste trecho e do que mais tivermos tempo. É o que farei antes de ser dragado pelas tarefas domésticas. Abraços.

Em 24 de julho de 2018

> ILUSTRAÇÃO:
> FOTO DE JORNAL QUE MOSTRA O
> CANDIDATO À PRESIDÊNCIA DA REPÚBLICA
> JAIR MESSIAS COM UMA MENINA NO COLO A
> QUEM ELE FAZIA EXIBIR O SÍMBOLO BÉLICO
> DE SUA CAMPANHA. EU ESCONDI O ROSTO
> DA MENOR COM OS MEUS DEDOS.

Àqueles que cogitam votar em Jair, eu pergunto, com sincera curiosidade, o que pensam deste episódio?

Políticos, frequentemente, valem-se de inocentes para fazer propaganda de si mesmos. É atitude condenável! Seja o político de que tendência for. É hipocrisia vulgar, uso indevido do outro, desrespeito à integridade psicológica da pessoa. Repito: todos que o fizeram cometeram, na minha opinião, o mesmo crime.

Mas nunca imaginei que esse crime, tão recorrente, pudesse ser ainda agravado pela introdução de signo bélico em mãos inocentes! Esta última atitude de Jair encontrou o limite da minha tolerância. Outras — muitas! — já o colocavam na fronteira desse limite, que foi agora ultrapassado.

Em verdade, a tolerância era mais para com os assustados eleitores dele do que para com ele propriamente. E porque ainda a mantenho para com esses — num esforço de separar a pessoa dele dos que nele acreditam — é que a estes eu pergunto sobre o que pensam do episódio.

O que eu penso, já disse. Para dizer mais alguma coisa, só produzindo um relatório psiquiátrico.

O candidato que escolhemos é a projeção de quem imaginamos ser. Por que será que tantos de nós imaginam-se malucos? Pergunto com real interesse pela resposta. Será que diante de tanta loucura alheia alguns de nós, sem o saber, passam a desejar opor a sua loucura à loucura que veem nos outros? Será que dar vazão à própria loucura é um direito que a pessoa se permite por julgar que a sua loucura, uma vez manifesta, a defenderá da loucura dos seus desiguais? Será?

P.S.: Tristes dias na Nicarágua. Tristíssimos. Surpreendente fim de uma revolução libertária.

Em 24 de julho de 2018

Colegas, sugiro o restaurante .Org, na Barra da Tijuca, Rio de Janeiro. O melhor vegetariano a que já fui. Meu pessoal adora.

Conheço desde o começo e fiquei orgulhoso de encontrar aumentado e cheio de gente. Sucesso total.

Esta não é uma publicidade paga nem uma troca de favores entre um artista e os donos. É uma sincera e desinteressada sugestão.

Em 1º de agosto de 2018

TRANSCRIÇÃO DE VÍDEO:

"Boa noite, pessoal. Acabo de tomar uma decisão e gostaria de compartilhar. Eu vou votar para presidente do Brasil em Manuela D'Ávila.

A minha escolha não tem maior importância, assim, no sentido de que alguém deveria votar em Manuela D'Ávila, ou seja lá em quem for, só porque eu vou votar. Ninguém tem que votar em ninguém só porque alguém vai votar naquela escolha.

Então, por que razão eu resolvi declarar o meu voto? Porque eu acho importante que eu diga as razões que me levam a votar em Manuela D'Ávila. E eu vou escrever as minhas razões aí embaixo. E gostaria de receber dos colegas, de quem quiser, as razões pelas quais vão votar nela ou em outras pessoas. Eu acho que é importante a gente conversar sobre as razões que nos levam a votar em quem a gente decide. Eu decidi votar em Manuela D'Ávila."

Algumas razões que me levam a votar em Manuela D'Ávila:

1) Simpatia. Acho Manuela uma pessoa suave e, portanto, agradável de observar. Pode parecer motivo leviano, mas eu estou cansado da histérica truculência machista dos políticos. Gostaria de passar os próximos anos convivendo com alguém cuja serenidade me apaziguasse. A violência masculina já se mostrou infrutífera, na minha opinião.

2) Sinceridade. Embora seja uma profissional da política — o que, na minha opinião, não deveria existir — e se veja na condição de lidar com a tirania do debate mentiroso da nossa vida pública, Manuela me parece dizer o que pensa sem falsear os seus argumentos.

3) Divergência. Não concordo exatamente com tudo o que ela diz; e essas diferenças me agradam. Voto, não por identificação absoluta — o que, inclusive, não estou a procurar —; mas sim por absoluta confiança na prática do bom diálogo, para o qual a percebo disponível e ansiosa.

PROCURANDO UMA OPÇÃO POLÍTICO-PARTIDÁRIA:... | 215

Em 2 de agosto de 2018

Enquanto desenhava essa manhã, seguia pensando nas razões que me levam a votar em Manuela D'Ávila.

4) Políticas públicas. Manuela defende que o Estado tenha meios de promover um tipo de desenvolvimento que resgate o povo da pobreza à qual a nossa história o condenou e mantém. Eu concordo.

Por um lado, eu receio o poder excessivo do Estado, mas, por outro, duvido que o livre mercado corrija injustiças sociais que ele mesmo criou.

Temo a concentração de poder na mão de políticos, mas temo, igualmente, concentração de poder na mão de capitalistas. Busco a ponderação e a razoabilidade nessa matéria.

E como creio que o poder de fato está com os donos do dinheiro — mais do que com os políticos —, acho fundamental contrabalançar com iniciativas públicas o egoísmo tradicional das elites econômicas. Acredito que Manuela tem compreensão desses fatos e buscará uma boa equação.

5) Democracia. Não conheço bem o partido de Manuela; mas não gosto de partido algum! Partidos políticos, e seu monopólio da vida política, são um entrave à democracia do qual teremos que nos livrar um dia. Feita a ressalva, vejo com simpatia a inclusão de ideais comunistas no diálogo democrático. Conheço, obviamente, a tese da ditadura do proletariado; e por isso mesmo recebo com alegria o anúncio de respeito à democracia que Manuela tem reiterado.

A bela democracia portuguesa nasceu de uma revolução fortemente influenciada por ideais comunistas. Depois, temperou-se. Mas, na minha opinião, o desejo de justiça social, plantado na consciência do povo português nos primeiros momentos da Revolução dos Cravos, é o esteio do bem-estar social do qual desfrutam hoje; e o qual a sua democracia protege da corrupção inevitável de todas as aventuras totalitárias.

É preciso salvar as preocupações sociais do naufrágio do projeto petista. Na minha opinião, Manuela almeja essa salvação e a tentará promover.

P.S.: O PT nunca deveria ter sido a nossa única esperança. A democracia, sim. Qual modo de democracia, não sei precisar ainda.

Em 7 de agosto de 2018

Eu queria para o Brasil uma grande novidade. Mas ela não surgiu, na minha opinião. Eu já disse, e reitero, que não me agrada o modo como tratamos da nossa vida em comum; e gostaria de ver tudo posto em questão. Mas os políticos e seus sócios na sociedade criam mecanismos para manter o poder longe das mãos do povo. A política é o lugar onde os poderosos se entendem; e não onde nós discutimos os nossos assuntos e decidimos o nosso futuro. Político é funcionário do povo, executante do que já foi decidido; e não líder! Eu odeio parecer ser necessário haver líderes! Esse messianismo do qual os políticos se investem é repugnante porque falso!

Mas as eleições se aproximam e teremos que votar! Continuo crendo na democracia acima de tudo; e por isso estou à procura de bons candidatos. Ando muito interessado nos candidatos do PSTU. O que eles têm a dizer interessa-me muito. A senhora Dayse Oliveira, candidata a governadora do Rio de Janeiro, me parece uma boa opção. Sugiro que deem uma olhada.

Estou iniciando pesquisa sobre Marcelo Trindade, candidato do partido Novo. Parece-me uma pessoa de valor.

E a candidata do PSTU à Presidência da República, a senhora Vera Lúcia, também conquistou a minha atenção. A chapa do PSTU é liderada por uma mulher e tem um homem como vice. Só esse fato já me enche de vontade de que ela vença! Fica a sugestão.

Mais uma vez, entre os extremos, encontro-me a mim interessado em tudo; mesmo sabendo que nada disso é exatamente o que eu desejo.

Boa noite, amigos.

218 | DA DESCOBERTA DO PROJETO ESCOLA SEM PARTIDO ATÉ...

Em 8 de agosto de 2018

> ILUSTRAÇÃO:
> FOTO DE DIVULGAÇÃO DO PARTIDO NOVO,
> NA QUAL APARECEM ANDREA SPÍNOLA E
> MARCELO TRINDADE.

Bom dia. Compartilho publicidade informativa do partido Novo, que me foi encaminhada pela minha amiga Andrea Spínola.

Tenho me esforçado em dizer que estou determinado a imaginar como poderemos conviver todos nós, brasileiros, atenuando as nossas diferenças e construindo, a partir delas, um destino comum.

Declarei meu voto a Manuela D'Ávila, a quem continuo admirando. Entretanto, ela mudou de estratégia e, muito provavelmente, será candidata a vice e não mais líder da chapa. Não é a mesma coisa para mim.

Tomei conhecimento, recentemente, da candidatura da senhora Vera Lúcia, pelo PSTU, e interessei-me vivamente por ela.

Repito: não busco líderes nem identificação absoluta com a minha eventual escolha. Acho que a ansiedade por um líder é a razão das nossas desgraças. Busco ouvir todas as vozes que soam com legitimidade; e me esforço a supor harmonias possíveis. Sugiro que ouçamos tudo e elevemos a qualidade da nossa conversa.

O meu limite é a *Déclaration des Droits de l'Homme et du Citoyen* (*Declaração dos direitos do homem e do cidadão*), documento de 1789. A força social que o desconsidera já não merece o meu respeito.

Por fim: gostaria de ver engajados em um debate de ideias Vera Lúcia, do PSTU, e João Amoêdo, do Novo. Com prazer, eu prepararia o jantar e me perguntaria: o que há de comum em ambos que os faz serem brasileiros? E, sem resposta que eu encontrasse, me perguntaria então: como haveremos de fazer surgir um único Brasil de tantos Brasis que me parece haver?

Essa, a meu ver, é a questão; pois, por mais avassaladora que seja qualquer vitória, o outro não desaparece porque perdeu. Os derrotados sempre assombram a festa dos vitoriosos. É melhor convidá-los a entrar, então.

Mas de uma certeza não consigo me afastar: há beneficiários do sistema vigente e há prejudicados. Estes, com seu trabalho e vida, produzem os benefícios que aqueles desfrutam. Portanto, sou de esquerda.

Bom dia.

Em 9 de agosto de 2018

> Transcrição de vídeo:
>
> *"Bom dia. Sugiro que a gente preste atenção ao que dizem os candidatos do PSTU. São pessoas que falam do lugar onde a vida no Brasil é mais difícil. Eu acho importante que os ouçamos; principalmente aqueles entre nós que nunca estiveram lá, que viveram sempre onde a vida é mais fácil, como é o meu caso, por exemplo. Acho mesmo fundamental ouvir o que tem a nos dizer quem vem de lá, de onde as coisas são mesmo muito complicadas. Os candidatos do PSTU têm uma contribuição muito grande a dar para o Brasil e para este momento, na minha opinião. São pessoas muito interessantes e o que elas têm a dizer é importante para a equação do futuro. Mais que importante: é fundamental!"*

Bom dia.

Com facilidade percebemos o radicalismo de quem pensa diferente de nós, mas dificilmente reconhecemos o nosso próprio radicalismo!

Quando digo algo que alguém não esperava ouvir de mim, a pessoa se diz decepcionada comigo. Ora, só posso decepcionar quem espera de mim que eu pense exatamente igual a ele. Eu nunca me decepciono com a opinião do outro. Eu fico instigado a compreender por que o outro pensa daquele modo.

O que me interessa no PSTU é o desejo deles por uma organização democrática diferente da atual. Eu comungo do mesmo desejo. Se a democracia que almejamos é a mesma, eu não sei ao certo. Identifico semelhanças, e isso me atrai. Se o modo de chegar a essa democracia proposto por eles será efetivo, não sei dizer. Mas eventual desacordo quanto ao caminho não me faz desacreditar que o lugar aonde eles e eu sonhamos chegar é o mesmo, ou vizinhos, ao menos.

Eu penso que é preciso ter muito respeito por aquilo que não vivemos. As vozes que se levantam sob a bandeira do PSTU falam de um Brasil que eu só conheço de ouvir falar. Pois bem, desejo ouvi-las com a minha melhor atenção.

P.S.: Sobre Manuela, por quem a minha admiração permanece intacta: eu não quero votar no PT. Mas o farei, se for preciso, para evitar que forças destrutivas — infinitamente mais destrutivas do que o pior dos piores males do PT — cheguem ao poder. Eu sonhei que a candidatura de Manuela teria força para romper o ciclo PT/PSDB. Se eu tiver que votar no PT, será um alento que Manuela esteja ao lado dele. Acho muito positivo que o Brasil tenha uma mulher jovem, mãe de uma pequena criança, ajudando a construir a nacionalidade. A mesma emoção de admiração pelo feminino tem feito eu me interessar por Vera Lúcia, do PSTU, e pela vereadora Janaína Lima, do Novo.

Vejam: Vera e Janaína têm histórias semelhantes e, no entanto, decidiram-se por caminhos diferentes, embora desejem chegar ao mesmo lugar. Interessante e poderoso paradoxo, ou enigma.

Mais uma vez, me empolgo com o espetáculo das diferenças. Bom dia.

Em 10 de agosto de 2018

TRANSCRIÇÃO DE VÍDEO:

"Bom dia. Eu acho que a gente dá muita atenção à eleição para Presidente da República. É importante, mas... Nesse momento, eu acho que é igualmente importante, ou até mais importante, a gente renovar o Congresso. Então, eu passei a procurar um candidato ao Senado pelo Rio de Janeiro, que é onde eu voto. São duas vagas. E encontrei a candidatura de Marcelo Monteiro, e fiquei muito interessado no que ele diz. Ele trabalha a importância e o significado da matriz africana da brasilidade. E eu, realmente, acho que é fundamental passar por aí para construir um Brasil que seja brasileiro. Então sugiro que todo mundo pesquise Marcelo Monteiro. O partido se chama Pátria Livre."

É muito difícil conhecer bem os candidatos. Toma tempo e é preciso atravessar a maldita interferência da publicidade, que domina a comunicação social. O ambiente onde conversamos me parece um campo minado. Cada slogan é uma mina enterrada que explode a razão crítica de quem nela pisa. A política deveria ser o lugar da análise e não da síntese precipitada e vazia. Esta só produz frases de efeito com as quais se busca capturar o eleitor pela emoção desguarnecida de seu vigia racional.

O debate de ontem, de debate, pouco teve, né?* Foi pura publicidade de políticos tradicionais. E a democracia ainda sai fragilizada pela ausência dos candidatos do PSTU e do Novo, entre outros.

Bem, vai ser mesmo uma eleição com todos os defeitos das anteriores ou até pior. Mas temos que votar! Assim, sugiro conhecermos os candidatos. Fica a minha sugestão: Marcelo Monteiro e sua africanidade brasileira!

P.S.: Essa história de evocar o nome de Deus a toda hora já deu! Pelo amor de Deus! Quem põe Deus a seu serviço se declarando a serviço de Deus está apenas se apossando do prestígio de Deus perante os que creem para validar o seu projeto pessoal. Deixem Deus em paz. Tratemos com César os assuntos de César, o Filho já nos aconselhou.

Quem possui fé sincera, a guarda na sua intimidade. Deus é companhia para a nossa solidão, e não para marketing pessoal. Cansei dessa heresia!

---

* Refiro-me ao primeiro debate da campanha eleitoral de 2018 entre candidatos à Presidência da República.

Em 11 de agosto de 2018

> ILUSTRAÇÃO:
> CHAMADA DE MATÉRIA NO
> *NEW YORK TIMES*:
> *"The flourishing business of
> fake YouTube views."**

Bom dia, colegas.

Sugiro a leitura da matéria sobre compra de likes no *New York Times* de hoje.

Vivemos em um mundo onde toda comunicação social — ou quase toda — é mentirosa. A ganância do negócio de tudo o que se comercializa impôs a desonestidade a toda comunicação.

Para minha surpresa e estupefação, colegas meus trabalham sem conflito em reality shows, programas onde nada é real; ou, dizendo melhor, onde a realidade está escondida sob uma ficção que se faz passar por ela! Tudo mentira! Tudo enganação! Tudo falso!

Devemos lealdade à verdade. Todos nós! Não há interesse comercial que justifique moralmente a mentira.

---

* "O negócio próspero das visualizações falsas no YouTube."

Quando a arte — e o artista que a persegue — coabita com a mentira, ela perde-se de sua razão primeira, que é, justamente, revelar alguma verdade.

Quando me perguntam sobre a afluência de público ao meu teatro, eu sempre respondo a verdade. Seja ela conveniente ou não. A frequência oscila, afetada por circunstâncias externas: chuvas, trânsito, medo, competição de outros modos de entretenimento... Ou internas: incompetência minha, divórcio do interesse comum etc. Já representei para 5 mil pessoas e para cinco. Não compro nem invento sucessos. Vivo do meu trabalho em teatro, e o desejo livre das mentiras mercadológicas.

Mas não me coloco, no entanto, acima das circunstâncias. Trabalhei em televisão e publicidade. Sei onde o grande dinheiro se esconde e a conivência com o capitalismo que ele exige de quem o deseja. Não sou santo. Mas tenho limites! E me pergunto, e pergunto a vocês: diante das eleições que se aproximam, e da enxurrada de mentiras do jogo político, não seria oportuno perguntarmos a nós mesmos quais são os limites que devemos impor à nossa conivência com a mentira que nos circunda, que é onde o dinheiro circula? Sim, pois todos sabemos que a verdade paga mal.

Graziella Moretto e eu estamos trabalhando atualmente em uma peça chamada *A pessoa honesta*. Trata das ambiguidades da questão, da dificuldade de ser honesto em um sistema econômico que é desonesto desde o seu primeiro fundamento: a mais-valia.

Não acuso ninguém. Apenas compartilho a dificuldade.

Em 12 de agosto de 2018

> ILUSTRAÇÃO:
> CHAMADA DE MATÉRIA NO JORNAL
> *EL PAÍS BRASIL*:
> *"A paternidade ativa é um antídoto
> contra o patriarcado."*

Feliz dia dos pais! E, como genialmente canta o jovem poeta: "Todo homem precisa de uma mãe." Os pais que o digam! O homem que já se encontrou sozinho na função de criar os filhos sabe bem a falta que lhes faz ter a mãe (a dele e a deles) por perto.

Eu, de minha parte, neste dia, sou só emoção de amor sem fim pelas minhas filhas adoradas! O dia é delas, como todos os demais. O resto da festa é comércio.

P.S.: Lula livre, sem #. Não consigo me conformar com a prisão de Lula enquanto tenho que aceitar Collor candidato ao governo de Alagoas — com apoio do PSDB —, dois deputados condenados dando expediente no Congresso, Temer reinando no Alvorada, Garotinho candidato ao governo do Rio e uma série sem fim de outras imoralidades sustentadas por uma legalidade impossível de compreender; muito menos, de aceitar!

Acho que Lula participou ativamente dos crimes cometidos pelo PT, mas só o admito punido se punidos estivessem todos os outros.

Sei que muitos não pensam como eu e odeiam Lula, veem nele a fonte de todo o mal; sei, igualmente, que outros o idolatram e o eximem de toda responsabilidade. Eu me posiciono distante do ódio e da idolatria; não desejo extremo algum. Mas digo Lula livre, sem #, porque me dói que o único presidente oriundo da pobreza brasileira esteja preso enquanto os políticos brancos de classe média logram se manter em liberdade a despeito de seus crimes evidentes. Algo está errado. E digo sem interesse eleitoral — pois não desejo votar no PT —, mas por compaixão pessoal e respeito à justiça! A justiça não se esgota na legalidade imperfeita da nossa república.

Não quero Lula nem preso nem presidente.

Eu, se poder tivesse, não puniria os crimes dos poderosos com cadeia. Eu os privaria do poder, banindo-os da vida pública, e dos valores que roubaram. Que fossem trabalhar como todo mundo. Não gosto de cadeia. Exceção para crimes violentos.

É como me sinto. Mas não tenho paz por me sentir assim. Eu queria outro Brasil. Quem não queria?

Feliz dia dos pais para todos. Para os amigos e para os inimigos — inimigos apenas de convicções, se me explico bem.

Em 14 de agosto de 2018

Bom dia.

Sugiro a leitura do livro de Leonardo Boff, *Ecologia, mundialização, espiritualidade*. Eu o li já faz muito tempo e nunca o deixei de ter como um padrão que fundou em mim uma nova e revolucionária compreensão das três palavras que lhe dão título.

Volto a ele hoje porque acredito que devemos enfrentar a manipulação do sentimento religioso que se agiganta diariamente diante de nós.

Apenas a honestidade pode enfrentar a mentira das atuais falsificações do cristianismo; igrejas sem Deus, criadas por interesse de enriquecimento de um grupo de pessoas. Novidade alguma: a própria Igreja Católica faltou com a verdade imensas vezes.

Outra razão que me faz trazer à lembrança o livro é a questão ecológica, tristemente esquecida por todas as forças políticas organizadas, com exceção da Rede e do Partido Verde. No futuro que eu imagino, a ecologia — na acepção que lhe confere Leonardo Boff — é assunto que se sobrepõe sobre todos os outros. Mesmo sobre a bela ideia da "democracia operária", que nos sugerem os pensadores do PSTU, ou do novo comunismo democrático de Manuela D'Ávila; ou do liberalismo total de João Amoêdo.

Nesse momento, creio que a ecologia é uma preocupação central a ser incluída no nosso voto.

E, em razão de serem igualmente obras honestas intelectualmente, sugiro também: *Orixás*, de Pierre Fatumbi Verger, e *Os índios e a civilização*, de Darcy Ribeiro.

Sugiro esses dois livros porque acho que precisamos ter coragem de denunciar o charlatanismo monoteísta que tem vindo se impor a nós. Os seus patrocinadores estão organizados em um projeto de poder consistente. É muito perigoso, como toda mentira sempre é.

A brasilidade não cabe em nenhuma fé totalitária nem em nenhum totalitarismo sem fé. Somos muitas coisas a um só tempo. Que tudo tenha voz e vez! Minha opinião.

Em 15 de agosto de 2018

ILUSTRAÇÃO:
CHAMADA DE MATÉRIA NO JORNAL
O GLOBO:
"Justiça nos EUA diz que Igreja tinha 'manual'
para esconder abusos sexuais."

É difícil desejar bom dia, às vezes.

Sobre o Brasil, ainda: as eleições serão insatisfatórias; nem poderia ser diferente, com o domínio dos políticos de sempre sobre o processo eleitoral. Mas o ceticismo é muito perigoso, nesse momento. Se não fizermos nada, anulando ou branqueando o voto, aqueles que já estão no poder sairão vitoriosos.

Eu acredito que, num futuro já visível, precisaremos de uma constituinte que reorganize o Estado. Mas não chegaremos a ela se antes não retirarmos do poder, pelo voto, os piores dos nossos péssimos políticos. Temos vários bandidos sociopatas disputando as eleições. Precisamos nos defender. Procurar candidatos — ao Poder Legislativo, sobretudo — que sejam outros que não esses é a nossa tarefa nessas eleições, na minha opinião.

Quem eles são, cabe a nós, em civilizado e honesto debate, descobrir.

Encontrá-los entre a multidão de candidaturas alucinadas que se apresentam é missão chatíssima porque trabalhosa e exigente. Eu preferia gastar o meu tempo com meus afetos, meu trabalho e meus outros interesses. Mas encaro fazer essa pesquisa como uma questão de sobrevivência da brasilidade. É preciso fazer! É preciso iniciar a renovação da representatividade. Não devemos nos desanimar apenas porque não conseguiremos tirar todos os bandidos de uma só vez! Ao contrário. Por isso mesmo é que devemos nos empenhar.

Minha opinião.

P.S.: A dificultar ainda mais a nossa tarefa, temos o fato de o Brasil ter sido projetado numa baderna jurídica. O golpe parlamentar, executado nos desvãos da legalidade, que interrompeu o governo do PT (governo este que também se sustentava à custa de ilegalidades) associado à atuação, nem sempre isenta, de alguns membros do Judiciário — inclusive do STF — e mais a histórica manipulação das leis que as elites econômicas promovem desde sempre... Tudo isso nos levou a vivermos hoje debaixo de um verdadeiro absurdo jurídico.

Tenhamos calma pois os tempos são tumultuados; e tentemos o melhor possível. Bom dia.

Em 16 de agosto de 2018

> ILUSTRAÇÃO:
> FOTO ONDE APAREÇO AO LADO DE VERA
> LÚCIA, CANDIDATA À PRESIDÊNCIA DO
> BRASIL PELO PSTU.

Bom dia.

Que alegria eu tive ontem! Estiveram no teatro, para assistir a *O autofalante*, a senhora Vera Lúcia e o senhor Hertz da Conceição Dias; candidatos à Presidência e à Vice-Presidência do Brasil. Foram sem me avisar, pagaram os ingressos, gentilmente me cumprimentaram ao final; nada pediram, nada queriam além de se aproximar de alguém que havia se aproximado deles, como eu fiz. Pessoas da mais sofisticada educação! Conversamos uns 20 minutos com alegria de amigos recém-feitos.

Mas em ano eleitoral, seria mentira dizer que nada queremos uns dos outros. Queremos, como é evidente, eu e eles, fazer saberem da nossa aproximação e, no que ela conseguir, divulgar as teses políticas do PSTU — perfeitamente expostas no livro *O Brasil precisa de uma Revolução Socialista*.

Nessa minha procura pelo Brasil, que se revigorou com a derrocada do projeto petista, tenho conhecido outras correntes de pensamento para as quais eu andava desatento. Manuela D'Ávila e seu comunismo democrático, João Amoêdo e seu liberalismo total, e, mais recentemente, Vera Lúcia e seu desejo de uma revolução socialista. Essas são as novidades — para mim! — que surgiram até aqui.

Amigos, de tanto impormos às palavras as nossas mentiras, terminamos por desconhecer o seu verdadeiro sentido. São vítimas desse apagão as palavras *comunismo* e *socialismo*; assim como também a palavra *liberalismo*, em menor medida, talvez.

João, Manoela e Vera Lúcia buscam reencontrar, atualizar e, até, refundar o sentido dessas palavras. Eu acho que devemos dar ouvido a eles. Eles se diferem de outros que ainda não se cansaram de mentir.

E sobre Vera Lúcia e o PSTU: são vozes que soam de um Brasil profundo, onde a vida é diariamente difícil, onde a morte é prematura e pequenas são as chances de sobrevivência. Peço ouvidos desarmados (não narcísicos!) para essas vozes. Quem conhece as dificuldades de ser brasileiro está autorizado pelas circunstâncias que enfrenta a dizer o que pensa e indicar a saída na qual acredita. Eu, que nasci branco e rico em um país fundado pela escravidão, me calo para os ouvir; e peço que eles me aceitem como a um igual.

Ser brasileiro é o destino de todos nós, mas é preciso querermos ser.

Em 18 de agosto de 2018

Bom dia. Sugiro a entrevista com João Amoêdo, no jornal *Folha de S.Paulo*. Muito boa.

Vejam: o elogio é dirigido à qualidade jornalística. Refiro-me aos méritos do entrevistador e do entrevistado, à clareza das perguntas e à honestidade das respostas. O elogio não significa que eu estou de acordo com tudo o que João diz. Mas, ao não discordar de tudo, estou dizendo que concordo com alguma coisa. E concordo. Sinto-me atraído pela vontade de desburocratizar e o desejo de maior liberdade para a pessoa frente ao Estado. João crê que o Estado, do modo como é hoje, empobrece o povo. Eu concordo.

João deseja um outro modelo de Estado. Vera Lúcia, do PSTU, também. Eu comungo com os dois o desejo de um outro Estado, e me interesso pelos diferentes modelos imaginados por cada um deles.

Minha empatia se inclina, fortemente, para Vera Lúcia. A biografia dela, que é a mesma de milhões de brasileiros, tem forte autoridade sobre mim. Eu desejo ver os pobres na liderança do país. Mas não vejo razão para desprezar João Amoêdo. João não concordará comigo quando eu disser que todo dinheiro ganho num sistema que desvaloriza o trabalho frente ao capital traz consigo o peso dessa desonestidade. Ele discordará, mas eu não o desprezarei por isso. Eu o acolherei e tentarei influenciá-lo. Mas, para ter acesso a ele, preciso aceitar ser influenciado por ele também. Honestamente! O mesmo direi a Vera Lúcia, naquilo em que eu dela discordar. Preservando-se a ressalva, que já fiz, de que me afino muito mais com Vera do que com João. E seja qual for a opinião do leitor, não há razão alguma para odiar nem Vera nem João por suas posições. Por que razão precisamos odiar a diferença? A vida se dá em uma disputa pela sobrevivência, certamente. Mas a democracia não foi imaginada justamente para ordenar essa disputa? O ódio é estranho à democracia. É preciso amar o inimigo de ideias e buscar o consenso e/ou o convencimento. O mais é o show de medíocre publicidade a que assistimos no debate de ontem. Ressalvas faço a Marina e Boulos.* As respostas que deram a Jair e Meireles merecem o meu respeito.

P.S.: Acho que devemos ensinar democracia aos nossos políticos. Mas para fazê-lo, temos que cultivá-la em nós primeiro.

---

* Refiro-me ao debate com candidatos à Presidência do Brasil ocorrido em 17 de agosto de 2018.

Em 19 de agosto de 2018

Bom dia, pessoal.

Sugiro a leitura da revista *Raça e Classe*, número 4. A publicação é organizada pela Secretaria Nacional de Negros e Negras do PSTU. O partido expressa a visão que tem da história de modo muito preciso. Acho enriquecedor conhecer o que pensam as pessoas que emergem do silêncio profundo ao qual os promotores da escravidão intentaram condená-las.

Há muito o que ser dito sobre a gênese do nosso país. Antes que todas as vozes que nos formam soem com igual potência, nunca saberemos quem somos. E sem nos conhecermos, não temos como decidir que país queremos compartilhar.

O PSTU deseja uma revolução. Eu também. Eles afirmam a revolução que desejam. Eu, sinceramente, tenho maior perplexidade quanto ao caminho que nos levará ao futuro sem que percalços e armadilhas sabotem o nosso sonho, seja ele qual for. As minhas hesitações são, com enorme probabilidade, resquício da minha origem social (criança branca e rica que fui). Faz-me bem declarar quem sou; digo, socialmente quem sou. Saber e dizer liberta-me de sê-lo, espero. Melhor dizendo: liberta-me da escravidão de ser quem nasci.

As teses do PSTU e a sua compreensão da história podem assustar por sua determinação e nenhuma condescendência com a injustiça social. Mas eu peço destemor perante elas. Peço fraternidade e abertura intelectual.

As teses e o modo de ver o mundo do partido Novo também soam assustadoras para muita gente. Mas merecem bons ouvidos. Escutar não é concordar. Escutar é o começo de uma conversa.

E eu tenho medo do medo. O medo nubla o discernimento, eu acho. Vale a pena, colegas, desarmar o espírito para o absolutamente oposto a nós.

Comprem a revista. Será uma leitura de grande valor. Minha opinião. Bom domingo.

Em 20 de agosto de 2018

ILUSTRAÇÃO:

TRECHO DE MATÉRIA EM JORNAL:

"Reformas recentes na legislação eleitoral fizeram mudanças nos sistemas políticos e eleitoral que acabaram influenciando a maneira como partidos e coligações escolhem seus candidatos, priorizando rostos já conhecidos do eleitor, em especial para a Câmara dos Deputados."

Bom dia.

Não deixem de ler a excelente matéria, no *Nexo Jornal*, sobre as eleições. Ela expõe a arapuca que essa odiosa classe política, e parte da elite da administração pública, armaram para nós.

Vivemos tempos calamitosos! Criminosos estão entocados no poder e tudo farão para não saírem de lá!

Muitos são candidatos à reeleição, onde buscam se manter sob a guarda do foro privilegiado. Perigo gigantesco!

Políticos legislam em causa própria; legalizam seus crimes, criando leis que os inocentam!

Como é possível compreender que Aécio, flagrado em evidente comportamento inadequado (para dizer o mínimo), possa ser candidato?! E o que dizer de Collor, Renan e tantos outros?!

Estamos enredados em um limbo jurídico. Lula (a quem eu não desejo ver presidente novamente) está impedido de concorrer; mas outros, por conta da morosidade (muitas vezes, intencional) da Justiça, ainda desfrutam de seus plenos direitos! É uma injustiça insuportável! A demora no banimento destes obviamente desonestos políticos da vida pública autoriza a demanda pela candidatura de Lula! Não há equação jurídica aceitável que possa surgir do caos em que nos projetaram!

A democracia fica indefesa quando a quase totalidade de seus agentes são desonestos. O seu sistema de proteção não tem como proteger a si mesmo da desonestidade de seus operadores! E qualquer aventura autoritária que se apresente falaciosamente como solução será apenas o desfecho desejado pelos sádicos de sempre.

O que fazer?, eu me pergunto. E a única resposta que encontro é: votar o melhor possível.

Devemos votar em quem nos pareça o melhor. E perseverar, depois do pleito, no resgate do país. O Brasil não vai acabar nem começar depois das eleições; ele vai apenas continuar. Pensar no dia de amanhã nos ajudará a decidir o que fazer no dia de hoje. Minha opinião e minha esperança.

Boa semana.

Em 28 de agosto de 2018

ILUSTRAÇÃO:
CAPA DO LIVRO *TRATADO SOBRE A TOLERÂNCIA*,
DE VOLTAIRE.

Boa noite.

Acabei de comprar este livro. Nem li, mas sugiro a leitura. E quanto ao preço, está bem em conta na banca de jornal.

Em 30 de agosto de 2018

> Ilustração:
> Chamada de matéria no *Nexo Jornal:*
> *"O conteúdo do livro atacado por*
> *Bolsonaro segundo sua editora."*

Driblando a solidão em um quarto de hotel em Londrina, à espera de ir para o teatro trabalhar, encontrei matéria no excelente *Nexo* sobre os pânicos de Jair.

Eu acho que vivemos num mundo muito confuso. Todos os dias somos soterrados por uma avalanche de informações e, por muito tempo que tivéssemos, não teríamos como pesquisar a veracidade de todas delas. Eu compartilho dessa angústia.

Acrescente-se ao volume que nos chega a dificuldade de compreender realidades tão diversas quanto o agronegócio e o sistema fiscal; ou as pedagogias e as economias... Tudo difícil para o leigo. E todos somos leigos em quase tudo, né?

Eis então que nos aparece Jair! Ele parece entender a nossa dificuldade; confessa ele mesmo as ignorâncias dele, com ares de sincera humildade. E se oferece a nós liderar! Um ignorante como nós a nosso serviço, é como ele se apresenta.

Amigos, sugiro pensarmos com cuidado. Temos votado, nós e outros povos, como consumidores. Escolhemos um político empurrados pelas mesmas forças psíquicas que nos fazem comprar determinado carro. O carro é a expressão de quem somos; ou de quem desejamos ser. Assim também é o modo como escolhemos os nossos cachorros. O cachorro é a característica da nossa personalidade que queremos deixar evidente. Faço essas digressões porque Jair atende ao anseio de consumo de uma parte de nós, e isso me interessa. Sendo ele uma pessoa que, na minha opinião, tende à paranoia persecutória — como no caso do dito kit gay, onde ele fantasiou uma conspiração que nunca existiu —, eu me pergunto a que tendência da alma brasileira ele corresponde. E o quão poderosa é essa tendência, a ponto de pessoas aceitarem o produto da imaginação de Jair como uma realidade a toda prova.

Mas não encontro resposta. Olho para o cachorro tentando entender o dono, ou para o automóvel, para a roupa, para o relógio... Mas o consumidor de Jair me permanece obscuro.

Mais: eu acredito que devemos pensar a política com critério crítico! É assunto vital; não podemos deixá-la refém da ignorância da nossa escravidão ao consumo de bens. Políticos não são bens de consumo. Por isso não gosto de publicidade em política. Gosto da dialética!

Agora vou pro teatro! Viva Londrina! Cidade adorável sob o sol quente desta tarde.

Em 31 de agosto de 2018

> ILUSTRAÇÃO:
> CHAMADA DE MATÉRIA NO JORNAL
> *EL PAÍS BRASIL:*
> *"STF autoriza terceirização irrestrita e sela destino de milhares de processos trabalhistas."*

Bom dia.

Na minha opinião, precisamos não apenas de uma nova lei trabalhista, mas de novas relações sociais, de outros modos de entendimento do convívio; de um novo mundo onde a escravidão, em sua permanência dissimulada em trabalho assalariado, tenha desaparecido por completo! De fato, precisamos do futuro!

Mas esta lei da terceirização da atividade-fim das empresas, agora chancelada pelos doutores do Supremo, aponta na direção oposta! A nova lei consegue ser pior do que a antiga, que estava mesmo ultrapassada. Esta dita nova foi concebida por este Congresso cravado de corrupção por todos os lados, sob a orientação de um presidente ilegítimo e desonesto, ao agrado de empresários inimigos da brasilidade!

É por conta dessas — e de tantas outras — demonstrações de desejo de permanência de modos de escravidão através do trabalho assalariado que eu enalteço, e peço atenção, a Vera Lúcia e o desejo de revolução do PSTU.

A força e o radicalismo sensato da demanda deles são proporcionais à agressão que é impingida ao povo por leis como essa.

Os indiferentes hoje comemoram a sua vitória no Supremo — o tribunal das supremas regalias! Depois não se queixem do aumento da violência. Vocês é que a produzem. Vocês é que são os responsáveis. Terão que viver trancafiados em condomínios e carros blindados! Se tiverem sorte; pois, se não tiverem, verão o Brasil seguir os passos da Nicarágua e da Venezuela, ou, na melhor das hipóteses, Cuba e Equador.

É o radicalismo do capitalismo que faz surgir o radicalismo do comunismo. E, na minha opinião, nem um nem outro são o futuro. Mas, sem dúvida, o caminho para o futuro atravessa o socialismo. Que ele seja ponderado ou radical, depende da resistência que tiver que vencer.

Triste, triste, triste dia.

Em 1º de setembro de 2018

> ILUSTRAÇÃO:
> FOTO DE UMA PAISAGEM RURAL EM
> CUMBRIA, INGLATERRA.

Bom dia.

Antes de partir para Marília — próxima parada da minha pequena turnê com *O autofalante* — compartilho a belíssima foto que encontrei no *The Guardian*, hoje pela manhã. O artista se chama Christopher Thomond; peço a ele licença para ilustrar minhas divagações com a imagem produzida por ele.

Eu sempre gostei de espaços abertos. Embora a minha vida profissional transcorra em grandes cidades — e me agrade o frisson noturno das metrópoles, do qual o teatro é parte integrante —, é no campo que eu me sinto em casa.

Gosto do vazio, da lonjura, da caminhada, do rio, do córrego, da ponte, dos bichos... E, sobretudo, do silêncio. No entanto, ao começo da noite, por vezes, me inquieta a quietude excessiva. Por isso, gosto de ter sempre um carro a meu dispor e uma estrada que me leve de volta ao tumulto urbano.

Me equilibrando entre um desejo e outro, vou me contentando na medida do possível.

E, em dias como os de hoje, quando a desordem da política profissional — com a dramática situação na qual o PT se encontra, e para a qual foi levado pelos inimigos da brasilidade e pelos seus próprios erros, estes, gigantescos —, o desejo de escapar para o campo é avassalador! Desejo de ovelhas, passarinhos, cachoeiras, e trabalho de colheita também. A desordem do Brasil nos rouba o tempo que melhor emprego teria nas atividades da vida prática! Da fisicalidade da vida que experimentamos quando nossos pés descalços pisam a pele do planeta.

Permanece a questão: em quem votar? E o mais grave: em quem votar para o Poder Legislativo? A armadilha do voto proporcional continua armada. Devido a este desonesto sistema, podemos votar em fulano e terminar elegendo outros a quem nem conhecemos.

Mais um fator que me faz estar interessado nos candidatos do PSTU. Coligação nenhuma. Ao menos, saberei em quem estarei votando. Nesse ponto, PSTU e Novo agem igual. Como se vê, existe ponto de contato entre posições as mais distantes.

Desejo um bom dia para todos. E que venham Fernando e Manuela para o debate. E, assim como se empenharam na interdição de Lula, que se dediquem igualmente à interdição de todos os outros! Mas não acontecerá. Sobre esta eleição, sempre pesará a sombra da desonestidade.

Em 3 de setembro de 2018

ILUSTRAÇÃO:
CHAMADA DE MATÉRIA NO JORNAL *LE MONDE*:
*"Lancement d'un nouveau loto pour
sauver le patrimoine."**

Bom dia.

Nenhum país é melhor que o nosso. Cada qual tem seus defeitos, muitas vezes bem escondidos sob o verniz de suas versões turísticas.

Mas não posso deixar de sinalizar a angustiante coincidência: no mesmo dia em que o descaso criminoso de não sei quantos administradores públicos entregou ao fogo o nosso mais querido museu,** políticos franceses inventaram uma loteria para cuidar do patrimônio deles!

Muitos dos responsáveis pela calamidade nacional são agora mesmo candidatos a cargos públicos! Por favor, votemos em outras pessoas! Em pessoas normais! Façamos atenção à psicopatia evidente dos criminosos entrincheirados no serviço público! Sobretudo nesses que dizem estar agindo em nome de Deus, quando, na verdade, se valem do pretenso aval divino para enganarem os de boa-fé. E também nos que têm apa-

---

* "Lançamento de uma nova loteria para salvar o patrimônio público."
** Refiro-me aqui ao incêndio que destruiu o Museu Nacional, no Rio de Janeiro, em 2 de setembro de 2018.

rência de sérios e simpáticos executivos; os radialistas enfáticos e suas famílias; os craques de futebol vaidosos por conseguirem ser irônicos vez ou outra... São todos ambiciosos egoístas, que estão na política por puro interesse pessoal. Gente assim é que faz os museus queimarem, as escolas e os hospitais não existirem, jogam o policial e o soldado em uma luta desorganizada e caótica contra o crime, contratam obras caríssimas e meio absurdas, promovem olimpíadas e copas do mundo fora de hora... Enfim! Gente assim é que são os nossos inimigos!

Colegas cariocas, sugiro que acolham e conheçam os candidatos do PSOL, do PSTU e do Novo. Qualquer um dos 3 partidos merece mais a nossa atenção do que os atuais líderes nas pesquisas! Não tenhamos preguiça de conhecer outras pessoas. Não sejamos irresponsáveis votando como quem compra um produto apenas porque já conhecemos a marca! Notoriedade não é garantia de qualidade.

Na minha opinião, Dayse Oliveira, candidata do PSTU ao governo do Rio de Janeiro, é uma pessoa que devemos conhecer. Além de outros também, é claro.

Bom dia, bom dia, bom dia

Em 4 de setembro de 2018

ILUSTRAÇÃO:
CHAMADA DE MATÉRIA NO SITE
DE NOTÍCIAS G1:
"'Agora que aconteceu tem muita viúva chorando', diz Marun sobre incêndio no Museu Nacional."

Desculpem a irritação, não sou de xingar ninguém, mas este Marun é um ser humano desprezível.

Insinuar responsabilidade da administração da UFRJ no incêndio do museu é uma provocação com o povo. Coisa de Temer e sua gente.

Eu peço a todos que um dia acreditaram que o cerco a Dilma se devia a um ato patriótico que reflitam diante das evidências. Não faço defesa integral do governo petista, mas o golpe nada tinha de amor ao Brasil. Bandidos queriam o poder para roubar e apenas isso. Valeram-se da indignação com os desmandos petistas para se fazerem de salvadores da pátria. Nunca o foram! Eu rogo aos colegas que acreditaram naquela mentira que pensem bem na escolha que farão nas próximas eleições.

Apenas o pensamento crítico pode nos salvar de um voto viciado, emotivo, narcísico e consumista. Sim, porque votamos no nome famoso como quem escolhe um produto por conhecer a marca. O que é familiar sempre nos parece bom. Mas isso não é verdade; não sempre! Tenhamos cuidado com nomes conhecidos!

A disfunção do sistema político é tamanha que todos sabemos que não será em uma única eleição que tudo se resolverá. Até mesmo porque nós não sabemos sequer qual é a solução para toda essa confusão. Mas varrer dos cargos eletivos o maior número possível de bandidos é a tarefa prioritária que se nos impõe nesta hora. Minha opinião.

Por isso sugiro nos informarmos sobre os candidatos que ainda não conhecemos. É uma chatice, tarefa bem aborrecida. Mas se não a fizermos, pessoas como este Marun continuarão no poder.

Só o desejo de pensar nos libertará da ignorância. Frase ao modo dos livros de autoajuda; mas nos ajudar mutuamente é o que estamos mesmo precisando fazer. Nenhum socorro nos valerá — nem de deuses ou de políticos — se cada pessoa não se dispuser a pensar por si mesma. A fé talvez nos seja dada, mas a religião e a ideologia temos que escolher. E, para tanto, pensar, portanto.

Da prisão de Lula até a descoberta da candidatura de Manuela D'Ávila

5 de abril a 1º de julho de 2018

Capítulo 3

Ainda tentando estabelecer um diálogo sobre a democracia

Em 5 de abril de 2018

O dia em que Sérgio Moro expediu o mandato da prisão de Lula.

Minha canção mais linda do mundo para hoje: "We shall overcome", na voz de Joan Baez.

A música é uma composição atribuída ao reverendo Charles Albert Tindley e foi publicada em 1900. Tornou-se muito popular nos divinos anos 1960, quando foi escolhida como hino dos movimentos pelos direitos civis nos EUA.

Tradução Livre:

Haveremos de superar
Haveremos de superar
No fundo do meu coração, eu realmente acredito
Que haveremos de superar
Um dia

Andaremos de mãos dadas
Andaremos de mãos dadas,
Um dia.

Não estamos com medo
Não estamos com medo,
Hoje

Eu penso que a intolerância que se manifesta por vezes no Brasil deve-se a haver, de fato, no âmago da brasilidade, algo intolerável: a injustiça social.

Por ser intolerável, ela exige intolerância de quem deseja o seu fim; e a luta pelo fim dela é combatida com intolerância por quem a nega, defende ou suaviza. Mas a razão, o direito e a verdade estão, na minha opinião, com os filhos da escravidão, oprimidos históricos da injustiça social brasileira; e que a ela, com intolerância, se opõe.

O fim da justa intolerância dos oprimidos só chegará com o fim da injustiça.

O PT foi a promessa de emancipação do povo brasileiro que ficou por se confirmar. Sangram no meu coração os erros do PT. Mas eu não mudo os meus ideais por conta deles. Desprezo a política profissional, desconfio dos ódios, reconheço em muitos inimigos do PT rancores contra a brasilidade; e por isso me mantenho de pé, ao lado dos meus amigos vítimas da pobreza. No dia de hoje, eu queria ter tido a honra de ter nascido preto e pobre e operário como um brasileiro.

Nas eleições em que votei no PT, e ele ganhou, os adversários eram Serra, Alckmin e Aécio. Ainda acho que fiz a melhor escolha, apesar de tudo. Ou será que algum desses três é um guardião da honestidade?

Hoje, choro meus erros mas confirmo a minha fé! *We shall overcome, same day.*

Bom dia, principalmente para quem não pensa como eu.

Em 7 de abril de 2018

> ILUSTRAÇÃO:
> CHAMADA DE ARTIGO NO JORNAL *O GLOBO*:
> *"Semelhantes inimigos."*

Bom dia.

As palavras de José Eduardo Agualusa vêm ao encontro das minhas convicções e merecem a nossa atenção. (Aproveito para sugerir que leiam os romances dele, são espetaculares.) Entretanto, ouso dizer algo menos conciliatório, mas o que digo refere-se, especificamente, ao Brasil.

Os extremismos que encontramos por aqui têm por origem haver algo de extremo na nossa realidade: a extrema desigualdade social.

É dificílimo viver no Brasil. O Estado agride o cidadão diariamente com a sua desonestidade e incompetência. É difícil para todos, mas é ainda mais — muito mais! — para os pobres. Pessoas ricas têm crédito, carros, casas, escolas e hospitais privados... Pessoas pobres dependem exclusivamente de um Estado que, como sabemos, falha em quase tudo.

Quando me dizem que a desgraça da Venezuela deve-se aos desmandos do chavismo, eu pergunto: antes de Hugo Chaves, a Venezuela era um país justo? Não era. O que faz surgir o extremismo chavista é a extrema indiferença das elites econômicas venezuelanas e a sua extrema oposição ao surgimento de mudanças.

Aqui no Brasil, na minha opinião, passa-se o mesmo. A extrema defesa do legado petista — mesmo diante das falhas do PT — é a resposta à extrema indiferença das elites econômicas e sua extrema resistência ao significado que esse legado, ainda que simbolicamente, tem.

Se não aceitarmos promover o fim da extrema desigualdade social, ficaremos expostos aos dois extremos que por ela estão afastados: as elites e os pobres.

Só a justiça social possibilita o reinado do bom senso, na minha opinião.

Agora, quais ações objetivas serão eficazes para a promoção de uma sociedade justa? Descobri-las é a tarefa que se nos impõe. E a qual apenas a democracia nos possibilitará enfrentar.

Agualusa tem a nos contar a história de Angola, onde uma guerra civil violenta seguiu-se à independência. Acho prudente fazermos atenção ao que ele diz.

P.S.: Amigos, eu julguei que não escreveria mais nada. Tenho falado muito. Foi o texto de Agualusa que me inspirou. Não deixem de ler. Trata-se de um escritor africano, e o Brasil é um país africano em plena América do Sul, na minha opinião.

"We shall overcome" ainda toca na vitrola.

Bom fim de semana.

Em 12 de abril de 2018

Minha opinião: por sobre uma verdade está se construindo uma mentira.

Operando por seus prepostos inseridos no sistema jurídico, o PSDB se aproveita dos crimes do PT — muitos, na minha percepção, realmente cometidos — para eliminar o seu maior opositor político da competição eleitoral. A origem intelectual/burguesa de seus fundadores nunca aceitou as derrotas que sofreu para o partido que era semelhante ao povo. O golpe contra Dilma foi arquitetado pelo PSDB para chegar ao poder através de um governo do PMDB.

Onde estão os advogados que, com tão fervoroso e descabelado amor pelo Brasil, pediram o impedimento de Dilma? O mesmo amor pela pátria não os leva a fazer pedido pelo afastamento de Temer, Aécio, Alckmin? Parece que não. Eles eram agentes do PSDB, apenas. Nunca foram os patriotas idealistas pelos quais se fizeram passar.

Nunca gostei de Moro nem de Dallagnol. A minha intuição me faz desconfiar deles. Intuição que se confirmou ao descobri-los defendendo o auxílio-moradia que recebem em nome de aumentos salariais que se acham no direito de terem tido. Quem se permite torcer a verdade por alguma razão é capaz de fazê-lo por qualquer razão. Eu, no meu íntimo, não tenho dúvidas de que os dois agem em prol do projeto político do

PSDB. Pode ser que outros agentes da Lava Jato sejam verdadeiramente honestos, mas Moro e Dallagnol não estão entre eles. Ambos cometeram atos nos quais a intenção de destruir o PT é evidente.

Vejam: eu não defendo o PT em nada, nem acuso os seus acusadores por o acusarem. O que os desacredita perante mim é eles pouparem o PSDB de sua ira justiceira.

Entretanto, os procuradores da Lava Jato de SP queriam o processo de Alckmin, mas ele foi enviado para a Justiça Eleitoral. As artimanhas da mentira são sempre complexas, enquanto a verdade é simples e evidente quando revelada.

Odiosa manhã em que vejo os suspeitíssimos políticos do PSDB escreverem mais um capítulo do macabro golpe de Estado que está em curso no Brasil.

Por sobre uma verdade — os pecados do PT — constrói-se uma mentira — santidade do PSDB (e de outros).

A verdade é simples: são todos desonestos. Quase todos.

O futuro? Uma classe política sem poder! O poder? Nas mãos do povo.

Em 13 de abril de 2018

O mensalão tucano refere-se a fatos de 1998! Veio à luz em 2007, mesmo ano do mensalão do PT.

Por conta de uma dessas tramas jurídicas dificílimas de entender, o processo contra o PT foi julgado em 2012 e o do PSDB, embora já haja condenação em segunda instância, segue para provável prescrição.

Eu sou um daqueles apoiadores do sonho petista que se desencantou com o partido. Eu acredito na culpa do PT. Não posso afirmar certeza sobre cada processo, nem conheço detalhadamente cada um deles.

Reconheço a culpa do PT na sua generalidade. O partido, ao chegar no poder, desprezou a democracia, desfez a sua aliança com o povo e passou a governar com a classe política; aceitou os vícios e a imoralidade do jogo e, dando a si mesmo a justificativa de que não havia outro modo de governar, corrompeu-se. Ainda assim, suas políticas sociais ajudaram milhões de brasileiros. Havia algo de autêntico no desejo petista de modificar o Brasil e essa autenticidade produziu bons resultados. Mas o deslumbramento dos políticos, e uma compreensão pequena do futuro, pôs tudo a perder.

Mas entre o meu reconhecimento dos erros do PT e a determinação de transformá-lo no pai de todas as desgraças brasileiras há uma gigantesca diferença. E querer varrer o PT, e seus ideais de origem, para fora do jogo democrático, penalizando-o pelos crimes que cometeu, mas poupando, retardando, suavizando a penalização ao PSDB é uma afronta à democracia.

A eficiência empregada pelo sistema jurídico no julgamento do mensalão petista não foi aplicada no julgamento do mensalão do PSDB.

A todos que reclamam obediência absoluta ao Estado de direito, eu pergunto se consideram que nós estamos vivendo realmente sob um Estado de direito perfeito. Penso que não.

A nossa democracia está ainda de pé porque o povo assim o quer. O povo, destituído de tudo, oprimido mil vezes todos os dias por condições de vida hostis, quer, no entanto, ainda, ser livre. É esse desejo de liberdade, tão vivo no coração da gente, que sustenta a nossa tão ameaçada democracia.

Movimentos apartidários têm surgido. Embora eu ainda não veja neles o esboço de uma revolução profunda, a sua novidade me traz alguma esperança.

Em 14 de abril de 2018

> ILUSTRAÇÃO:
> FOTO DA PALAVRA "LIBERDADE" ESCRITA
> SOBRE UM FUNDO AZUL.

Bom dia. Eu gosto de símbolos e gosto de hinos.

Símbolos pesam sobre nós e têm grande autoridade sobre a nossa emoção. Hinos são símbolos em forma de literatura e música. E a música, sobre a qual a letra se acomoda, é a mais livre de todas as linguagens.

Mas nada deve ser para sempre, na minha opinião.

Tenho carinho pela bandeira brasileira atual; mais pelas cores do que pela geometria, e nenhum pela frase. Mas mesmo com ressalvas, ela é a minha bandeira, e diante dela, como diz a letra do hino que a homenageia, me chega a lembrança da pátria.

Mas como tenho desejado que o Brasil seja outro Brasil, um novo Brasil, mais verdadeiramente brasileiro, senhor da sua história, finalmente; hoje acordei com o desejo de uma outra bandeira para esse outro Brasil.

A minha seria azul com a palavra "liberdade" escrita ao centro, caligrafia de criança.

Essa seria a minha bandeira brasileira.

E a de vocês? Como seria? Se conseguirem publicar uma imagem, seria mesmo emocionante. Quem sabe dessa brincadeira de fim de semana não surge uma nova compreensão para o Brasil?

Salve lindo pendão da esperança
Salve símbolo tranquilo da paz
Tua simples presença à lembrança
A ternura da pátria nos traz

Recebe o afeto que se encerra
em nosso peito infantil
querido símbolo da terra
onde vive o povo do Brasil

Fiz algumas sugestões de alterações na letra do hino. Quem quiser, ofereça as que imaginar. Bom fim de semana.

Em 15 de abril de 2018

Bom dia. Eu tenho insistido em falar sobre políticas públicas porque me preocupo com o seu desaparecimento.

Longe de mim querer proteger o PT dos seus erros; mas pertíssimo de mim querer preservar algumas políticas de resgate do povo brasileiro que foram implementadas, ou continuadas, ou incrementadas pelos governos petistas. Diante do enfraquecimento do partido, eu me sinto compelido a argumentar a favor de políticas sociais para que elas não se enfraqueçam junto com ele. Muita gente foi beneficiada por essas políticas e será um retrocesso tremendo se elas vierem a desaparecer, na minha opinião.

Em um país cuja estrutura social é determinada pelo apagamento da cultura do índio e do africano, que se fez através da escravidão e da catequização, apenas um esforço coletivo — público! — pode resgatá-lo de sua própria miséria.

Mas, embora eu seja um defensor de generosas políticas públicas, sou contrário a uma máquina estatal robusta e custosa. Como seria um Estado assim? Não sei exatamente, mas não vejo razão alguma para sua impossibilidade. Trata-se de estudar e construir novos modos de administração para atender os nossos desejos.

Eu pergunto a todos que apontam a educação como a solução para o Brasil: acreditam que exista outro caminho diferente da oferta generosa de escolas públicas em todos os níveis para se realizar a educação plena do povo brasileiro? Ou creem que o caminho pode ser através do comércio do saber, produto à venda nas escolas particulares?

Eu gostaria também de ver outros modos de saber serem valorizados frente ao saber científico. Gostaria de ver o pedreiro valer tanto quanto o engenheiro. Alguém saberia me dizer por que razão o saber científico tem mais valor econômico do que outros?

Em 17 de abril de 2018

> TRANSCRIÇÃO DE VÍDEO:
> *"Bom dia. As nossas boas intenções, em algum momento, encontram-se com a realidade e nós temos que tomar decisões objetivas.*
>
> *Bem, todo mundo aqui... Muita gente aqui tem sido a favor da educação e também querem melhorias na segurança pública. Aí me ocorreu perguntar: na opinião de vocês, qual é o salário que seria justo para uma professora primária que trabalhasse seis horas por dia e atendesse a uma turma, digamos, de vinte alunos? E a mesma pergunta eu faço em relação ao salário do policial. Quanto vocês acham que deveria ser o salário de um policial que tem por obrigação defender as nossas vidas com a vida dele?"*

Na minha opinião, deve haver uma progressão salarial, mas vou falar do piso inicial e do teto, para simplificar.

Outra coisa: os valores que vou expor seriam os ideais quando houvesse um Estado eficiente, o que podemos considerar como sendo aquele que entendesse saúde, educação, infraestrutura e segurança como obrigações públicas.

Considerando-se assim, eu proporia:

1) Professora primária, turno de seis horas, vinte alunos, cinco dias por semana, dois meses de férias anuais: salário inicial, 10 mil reais; salário final, 30 mil reais; e este valor seria alcançado em dez anos.

2) Policial: o mesmo que para professor, mesma carga horária, mesmo tudo.

Observações:

— O assunto é muito mais complexo do que eu tratei aqui.

— Na progressão salarial, eu não considerei promoções.

— Os valores nominais dos salários só podem ser compreendidos em sua relação com a totalidade da economia. Estes que eu sugeri relacionam-se com o momento atual.

Eu acredito que a justiça social brasileira depende da diminuição das diferenças salariais. Para que se entenda a minha sugestão, eu acrescento que o salário dos superiores hierárquicos dos professores e dos soldados seria de até, no máximo, mais uma vez o salário inicial da profissão, portanto 1/3 a mais.

Peço paciência aos entendidos em economia para com a singeleza da minha sugestão. Ajudem-me a melhorá-la.

Aqui tratamos de serviços públicos. Oportunamente, falaremos da relação entre salários e lucros, campo da iniciativa privada.

Então, quais são os valores que vocês aceitariam pagar aos professores e aos policiais? Lembrem-se que quanto melhor nós os pagarmos maior será o tributo que teremos que empenhar. O Estado somos nós. Nenhum dinheiro cai do céu.

Em 18 de abril de 2018

> ILUSTRAÇÃO:
> CHAMADA DE MATÉRIA NO *NEXO JORNAL*:
> *"Pelo direito de produzir e viver em
> cooperação de maneira sustentável."*

Boa tarde. Pelo pouco que li no *Nexo*, identifico-me com as ideias de Paul Singer e sua proposta de uma economia solidária. Sei que os céticos desacreditam dos melhores sentimentos do ser humano, mas eu não sou cético. Creio que o melhor em nós sempre encontra um caminho para se impor ao pior em nós.

Eu não sabia que os governos petistas haviam mantido uma secretaria dedicada ao incremento da economia solidária, nem conheço os resultados dessa iniciativa. Mas parece que foram bons, ao menos, na escala em que foi possível ser implementada. Sugiro a leitura da matéria e a pesquisa do assunto. Com os pressupostos teóricos, estou plenamente de acordo.

Esta é mais uma das políticas implementadas pelo PT que eu gostaria de ver preservadas das naturais desconfianças que muitos de nós, eu inclusive, passamos a ter em relação ao partido. Preservar alguns ideais do PT não é querer preservar o PT e os seus quadros. Longe disso. É querer preservar aquilo que no PT era autêntico e de boa qualidade.

Lembro com emoção da descrição de uma reunião de orçamento participativo que me foi feita pelo amigo Jorge Furtado. Esta é uma outra contribuição petista que acredito tenha enorme valor e deva ser preservada.

Pelos comentários que foram feitos aqui, parece que todos concordamos que policiais e professores devem ganhar o mesmo que juízes. Vamos, então, à luta de fazer valer a nossa vontade!

P.S.: Aécio foi tornado réu. Vamos esperar para ver se ele será julgado. E quando! Mas é sempre animador ver a justiça dar um passo.

Em 24 de abril de 2018

ILUSTRAÇÃO:
CHAMADA DE MATÉRIA NO *NEXO JORNAL:*
*"Somos o outro do outro. Ou um desabafo
a favor do relativismo."*

Bom dia. Sugiro a leitura do texto de Lilia Schwarcz no *Nexo*. Como sempre, de grande qualidade e lucidez. Para minha felicidade, o assunto — questões do relativismo — vem ao encontro de uma peça de teatro para crianças na qual estamos trabalhando Graziella Moretto e eu, cujo título é *Nem Sim Nem Não*. Estrearemos em julho próximo, na cidade de São Paulo, no teatro Morumbi Shopping — faço aqui a publicidade.

Outro assunto: Pelo regime atual, a representação no Congresso Nacional é feita por estados. (MG, 53 deputados; SP, 70; AC, 8 — números estranhíssimos.)

1) Eu acho que bastaria um, no máximo dois representantes para cada Estado. E o mesmo número para todos, sem proporcionalidade demográfica. Não vejo necessidade de haver tantos nem proporcionalidade.

2) Acho que deveria haver uma representação de outra natureza que se juntaria a esses. Seria por classe social — e, esta sim, proporcionalmente demográfica. Na prática: ao verificar-se que X% da população encontra-se na classe econômica Y, esta classe elegeria X% dos deputados. Estaria sempre assim assegurado que as classes sociais estariam sempre proporcionalmente representadas.

Apresento aqui a ideia bruta. Teria que ser lapidada em mil facetas para tornar-se algo possível e verdadeiramente democrático. Mas não resisti a fazer a sugestão tão preocupado que estou por não ver a sociedade brasileira se libertar dos cansados modos da nossa política e manter a esperança ilusória de que outras pessoas farão diferente mesmo que se mantenha o mesmo ordenamento jurídico. Melhores pessoas farão melhor política, talvez. Mas há algo de doentio — estruturalmente doentio — no sistema político representativo como um todo. Será que não deveríamos pensar em outros modos de ser do Estado?

Fica aqui a minha sugestão. Aguardo a sua.

Também acho que as prefeituras deveriam ser, na soma de suas receitas, mais ricas do que os estados. Assunto para ser investigado. Todo um sistema novo poderia ser pensado, pois o novo tem que ser novo em tudo, eu acho.

Bom dia.

Em 10 de maio de 2018

> ILUSTRAÇÃO:
> CHAMADA DE MATÉRIA NO JORNAL
> *EL PAÍS BRASIL:*
> *"Memorando da CIA sugere que Geisel soube*
> *e autorizou execuções de presos políticos."*

Notícia chocante, embora já fosse sabido.

Ditaduras, de qualquer tipo, só interessam aos sádicos.

Torturadores mancharam, desrespeitaram, ultrajaram as próprias Forças Armadas da qual faziam parte.

A desculpa de que lutavam contra a ameaça da instalação de uma ditadura de esquerda no Brasil não me convence. Uma ditadura não se opõe a outra. O que faz frente às ditaduras é unicamente a democracia.

Essas pessoas valeram-se das circunstâncias para exercer o sadismo que as movia.

Aqueles que nesse momento ainda nutrem alguma ilusão de que algo de bom possa vir desse tipo de virilidade doentia, que se agrega, muitas vezes, em instituições militares, deveriam refletir com mais profundidade sobre suas convicções. Talvez encontrem em si mesmos sadismo igual ao que os fatos revelam. Ou descubram o quão perigosa é a ilusão que nutrem.

AINDA TENTANDO ESTABELECER UM DIÁLOGO...

O verdadeiro espírito militar é humilde, servidor, cheio de compaixão. O verdadeiro exército é igual ao povo e não aos seus comandantes.

Todo o meu respeito pelas Forças Armadas do meu país e todo o meu desprezo por aqueles que, valendo-se do rigor da hierarquia militar, aviltaram a instituição ao se permitirem ilegalidades assassinas. Nós devemos aos nossos cadetes de hoje o respeito de lhes permitir acesso à verdade.

No Brasil da minha utopia, as forças militares serão desarmadas porque todo cidadão será um militar.

Triste passado. Que nunca mais aconteça. Que a saúde não dê chance à doença.

Abraços, amigos.

Em 5 de junho de 2018

> ILUSTRAÇÃO:
> CHAMADA DE ARTIGO NO JORNAL
> *FOLHA DE S.PAULO:*
> *"Junho de 2013 foi de sonho democrático*
> *a pesadelo autoritário", diz Bosco.*

Bom dia.

Sugiro a leitura do artigo de Francisco Bosco, no jornal *Folha de S.Paulo,* de hoje. Gosto muito do autor, leio sempre que encontro. Texto muito amoroso para com a gente e generoso na sua intenção de nos explicar a nós mesmos.

Tenho dito aqui: ao fascismo interessa a simplificação das questões, pois ela favorece a resposta convicta e a sugestão de solução óbvia para os nossos problemas. Francisco Bosco é o antídoto para essa mediocridade. E, vejam, lidar com as complexidades não significa ter que a pessoa mover-se nos reinos da erudição. Há muitos modos de saber, eu acho. Vejo tanta aceitação e trato da complexidade na literatura de cordel quanto nas análises conjecturais erguidas sobre base acadêmica de Francisco. Ambos me aliviam do assalto da mediocridade sobre a nossa vida em comum.

Pensar com ambição e honestidade me parece ser a nossa única chance contra o caos.

Bom dia para todos.

Em 17 de junho de 2018

> ILUSTRAÇÃO:
> CHAMADA DE MATÉRIA NO *NEXO JORNAL*:
> *"Quem foi Leandro Gomes de Barros.*
> *E sua importância para o cordel."*

Bom dia.

O *Nexo Jornal* presta grande contribuição à brasilidade, na minha opinião. Tem sido leitura matinal obrigatória para mim. Os textos, objetivos e didáticos, esclarecem as complexidades dos assuntos, resgatando o leitor da Babel verborrágica produzida pela indústria da comunicação de massa — cujos interesses são sempre obscuros.

Hoje, recém-chegado ao Brasil, deparei-me com esse artigo sobre um dos meus maiores amores brasileiros: a literatura de cordel! Que alegria! Quem nos dera o Brasil, e tomara que assim venha a ser, se organize do interior para o exterior, como acontece com tudo o que nasce.

Vejam: sou mundano e cosmopolita — recebo de peito aberto o jazz, o rock, o punk, o rap, o fado e tudo o mais, mas os desejo como cultura que absorvo e não como fundamento que me estrutura. Eu acho bonito que os povos sejam diferentes! Nessa matéria, nunca devemos estar distantes dos nossos modernistas de 1922.

Jogo do Brasil!* A vitória é desejada, mas eu, mais do que a ela, desejo a elegância e a originalidade do nosso modo de jogar futebol. Se ele nos conduzir à vitória, é festa. Portugal, sendo portugalíssimo, ganhou empatando com a Espanha! Foi um lindo jogo. Que encontremos a brasilidade no jogo de hoje! Que a gente trate a bola com o mesmo capricho com que os escritores de cordel tratam o português brasileiro. É o meu desejo e a minha torcida.

Viva o *Nexo Jornal* e a sua honestidade, tão rara em dias de hoje.

---

* Jogaria o Brasil contra a Suíça nesse dia.

Em 26 de junho de 2018

> Transcrição de vídeo:
>
> *"Colega aqui no Instagram sugeriu prestar atenção em Manuela D'Ávila. E, de fato, fui olhar e ver... Achei o Instagram dela... E achei positivo haver no cenário Manuela D'Ávila. Achei mesmo. Independentemente de eu concordar ou não, me afinar ou não com as propostas políticas dela.*
>
> *O que eu desejo para nós não é a soberania de nenhuma tendência. É o contrário. É o convívio de diversas tendências. Que todos se representem e estejam representados. Nesse sentido, a presença de Manuela D'Ávila me parece muito boa. Repito: independentemente de eu concordar ou não 100% com o que ela diz. Vamos em paz."*

Democracia é convívio pacífico de diferenças. A ascensão ao poder de qualquer tendência política que silencie as outras é fascismo.

Nesse momento de escolher representantes, eu acho que não devemos desejar erradicar do panorama as escolhas que não sejam a nossa. Ora, que democracia haverá se quisermos que apenas os nossos escolhidos governem? E quem pode estar tão seguro de si que pode se fiar apenas em si mesmo e no que acredita? Eu respeito as minhas dúvidas com a mesma paixão com que respeito as minhas certezas. Escolher alguém não é o mesmo que desacreditar todos os outros.

Nesse momento, muito embora a conversa esteja refém da comunicação de massa, e a campanha eleitoral se encontre constrangida por legislação muito imperfeita, o momento é de conhecer as forças em jogo. Principalmente, as recém-chegadas ao tabuleiro partidário.

Eu coloco a democracia acima e antes de toda e qualquer opção pragmática. Ela é condição anterior a tudo.

O inimigo da democracia — e da liberdade que ela nos assegura — é a desonestidade; e não a diversidade de opiniões. A desonestidade intelectual, o argumento falseado, o manuseio habilidoso das palavras para nada dizer, as mentiras, as mentiras, as mentiras... Esses são os nossos inimigos.

Uma conversa honesta é sempre produtiva. Uma conversa desonesta é sempre nefasta. Manuela D'Ávila diz o que pensa com honestidade, o que já a faz merecedora de toda a nossa atenção. Além de ser uma contribuição feminina ao nosso triste e estéril mundo dos homens exclusivamente masculinos.

Minha opinião.

Em 1º de julho de 2018

TRANSCRIÇÃO DE VÍDEO:

"Bom dia. Acabo de ler, com grande interesse, uma entrevista de Armínio Fraga, no jornal Folha de S.Paulo. *Sempre tive simpatia por Armínio Fraga. Não sei bem por quê. Simpatia. Acho uma biografia interessante. Um homem de tanto sucesso na iniciativa privada que separou alguns anos da vida para se dedicar ao serviço público e lá não se profissionalizou. Acho isso uma coisa interessante.*

Entretanto, ao mesmo tempo, tenho lido muitas notícias sobre Manuela D'Ávila. E o meu interesse pelo que ela diz, pelo que ela pensa e pela pessoa dela só faz aumentar.

Como se vê, para que algo de novo aconteça no Brasil, eu acho que nós temos que nos despir de convicções muito já convictas! A novidade não pode surgir do que já está pronto. Eu sugiro que a gente pense em coisas que a gente nunca pensou antes para tentarmos uma saída nova para o Brasil."

Bom dia.

O susto que eu levei com a desarrumação do Brasil, provocada, na minha opinião, pela desonestidade da classe política — em sua quase totalidade — e o receio das elites econômicas de que o povo brasileiro se emancipasse — sonho que o projeto petista prometia e, em alguma medida, realizou — não cessa de me sobressaltar.

Os ataques à democracia, que desde então se tornaram tão frequentes, têm me empurrado, diariamente, a desejar cultivar possibilidades de convívio entre tendências diferentes.

Na minha opinião, um novo modo de ser do Brasil só surgirá se, e quando, cada um de nós se dispuser a ser penetrado pela diferença e a sua inerente novidade.

Por exemplo: *comunismo*! As palavras, muitas vezes, são tão frequentemente assoladas por mal-entendidos que já não sabemos muito bem o que estamos dizendo quando as empregamos. Deparei-me com essa questão quando me vi perplexo diante da palavra *comunismo*. Me pergunto: sob o amontoado de incidentes históricos que têm se sobreposto a essa palavra, qual é o seu sentido original? E poderá a palavra *comunismo* dizer hoje alguma coisa diferente de tudo o que ela tem dito até aqui? Manuela D'Ávila parece acreditar que sim.

Eu não sei se ela está certa ou não. Mas tenho uma enorme curiosidade de ouvir o que ela tem a dizer. Do mesmo modo que me interesso pela paixão de Armínio Fraga pelo liberalismo econômico — o que, confesso, eu nem sei bem o que seja.

Novamente: antagonismos teóricos (Armínio e Manuela) que se encontram em seu amor sincero pelo Brasil. Bom domingo.

*Da condenação de Lula em segunda
instância até a sua prisão*

24 de janeiro a 4 de abril de 2018

Capítulo 2

Tentando estabelecer um diálogo sobre a democracia

Em 24 de janeiro de 2018

> ILUSTRAÇÃO:
> CAPA DO LIVRO *HISTÓRIA DA RIQUEZA NO BRASIL*, DE JORGE CALDEIRA

Bom dia. Hoje é um dia que o melhor que podemos fazer é nos desejarmos bom dia.

E eu escolhi o dia de hoje para começar a ler o livro da foto. Mal comecei e já estou interessadíssimo. E basta ler o título do livro para compreender por que razão hoje é um bom dia para começar a ler um livro com esse título.

Bom dia, brasileiras e brasileiros. Para todos.

Em 24 de janeiro de 2018

Dia em que Lula foi condenado em segunda instância no processo do triplex do Guarujá

> Vídeo:
> Me filmei por um minuto sem dizer nada.

Um minuto de silêncio.

Em 25 de janeiro de 2018

> VÍDEO
>
> COM UM CARTAZ ESCRITO "1 MINUTO DE SILÊNCIO" E UM PASSEIO DA CÂMERA SOBRE UMA ESTANTE DE LIVROS.

1) O silêncio é um dos fundamentos do diálogo. O outro é a fala. Guardar silêncio é estar predisposto a ouvir.

2) Um minuto é o tempo de liberdade que o Instagram nos oferece para cada vídeo. Aqui, no Instagram, o pensamento caminha em passos de um minuto. Ou seja, claudica.

3) Significativa coincidência que o minuto oferecido pelo Instagram, quando dedicado ao silêncio, coincida com o ritual do luto.

4) Ao usar o minuto do Instagram para o silêncio, eu pretendia dizer uma infinidade de coisas. Algumas delas sem querer sequer controlar o sentido que teriam. Mas a mensagem principal era sinalizar que eu me encontrava em atitude passiva de escuta ativa.

5) E me vali também do silêncio e do minuto para expressar o meu luto. Estou de luto há muito tempo e ontem, com o julgamento do Lula, o meu luto entrou para dentro dele mesmo ainda mais. Luto é elaboração de perda. E ontem houve perda para mim. Inevitavelmente.

Se Lula é inocente e foi condenado, perdemos a justiça. Se Lula é culpado, perdemos a biografia dele para a tão necessária emancipação do povo brasileiro. Só perda, portanto.

6) Quanto à minha opinião sobre a atual crise política, ela foi publicada em outubro do ano passado no blog da Editora Record. Chama-se *Autoentrevista com Pedro Cardoso*.* Foi uma brincadeira que inventei de modo a divulgar *O livro dos títulos*. Quem quiser ouvir o barulho do meu silêncio, vai encontrar lá.

Obrigado pela atenção, pela eventual divergência, pela educação e pelo respeito, pela curiosidade e pela, igualmente eventual, concordância.

Bom dia. Bom dia?

P.S.: Muito do desespero de ontem vem do fato de a lei permitir ao Congresso proteger o Temer e outros que deveriam estar sendo processados! Só desespero e dor. Uma justiça seletiva, ainda que correta do ponto de vista legal, é injusta.

---

* Disponível no Blog da Editora Record.

Em 27 de janeiro de 2018

ILUSTRAÇÃO:
FOTO ONDE APAREÇO SEGURANDO O LIVRO
ROOTS, DE MALCOLM X.

Bom dia. Muitas vezes, eu tenho a impressão de que muitos de nós deixam de compreender o Brasil porque subestimam o impacto da escravidão na formação da nossa nacionalidade. Bastou-me ler as dez primeiras páginas da autobiografia de Malcolm X para esta impressão se converter numa certeza — uma das poucas que eu ouso ter. A permanente tentativa de destruição ou desvalorização das culturas de matriz africana aqui no Brasil é de uma vastidão sem horizonte. O mesmo se poderá dizer das culturas indígenas, certamente. Sugiro a leitura de Malcolm X.

Os maiores amores que eu recebi na infância, e que sustentam a minha autoestima, me chegaram de pessoas de linhagem africana. Eram mulheres que trabalhavam na casa dos meus pais. Elas me alimentavam, me mandavam para o banho, olhavam o meu dever de casa, me curavam dos sarampos e das cataporas... Cantavam, riam e dançavam... E tinham as suas irritações também. Como agradecer a tanto amor que me foi dedicado?

Reconhecer a força da presença das culturas africanas no Brasil (com suas glórias, contradições e complexidades) é o mínimo que devemos fazer, na minha opinião.

E esse esforço de honestidade nos coloca diante do tamanho da tarefa que temos pela frente na construção do Brasil.

Bom fim de semana.

Em 28 de janeiro de 2018

ILUSTRAÇÃO:
CHAMADA DE MATÉRIA NO JORNAL
NEW YORK TIMES:
*"Celebrities, athletes, pundits and politicians have millions of fake followers."**

Na nossa constante conversa sobre o Instagram, eu estava prestes a nos perguntar sobre o uso familiar/fraternal da rede e o uso comercial que dela fazem artistas e empresas; e ainda o uso para manipulação das ideias empreendido aqui por políticos e seus marqueteiros.

Mas outros assuntos terminaram por se sobrepor a este e os dias passaram. Agora surge no *New York Times* a notícia da qual a foto é a ilustração.

Sugiro a leitura e peço uma reflexão sobre o tema. O quanto o nosso anseio, natural e legítimo, de nos comunicarmos uns com os outros, e assim nos conhecermos, nos influenciarmos e estarmos efetivamente contribuindo para os rumos do nosso destino coletivo... Enfim, o quanto toda esta vontade de liberdade pode ser usada pelo comércio que fazem o Instagram e suas primas Facebook, YouTube e outras, na plataforma de exibição que nos oferecem? E temos que levar em conta que o co-

---

* "Celebridades, atletas, especialistas e políticos têm milhões de seguidores falsos."

mércio — me refiro àquele atrelado à produção industrial — costuma ser negligente com a ética.

A verdade, a parte ser ela mesma fugidia e refratária a definições incontestes, sempre teve muitos inimigos. Parece que eles estão se sofisticando!

Uma coisa eu posso garantir: eu nunca recebi pagamento pelos likes que ofereço por aí.

Em 3 de fevereiro de 2018

TRANSCRIÇÃO DE VÍDEO:

"Bom dia, pessoal. Impossível não falar da questão do auxílio-moradia que os juízes recebem. Na minha opinião... Ok, se eles acham que o salário deles está defasado e que eles mereciam ganhar mais, mesmo ganhando vinte e tantas vezes mais do que a média do povo brasileiro, ok; lutem por isso. Agora, se valer do auxílio-moradia para um fim que não é morar, me parece indefensável! Mesmo que seja legal! E eu perguntaria ao ministro Fux: se isso é legal, quem é que fez a lei que tornou isso legal? Na minha opinião, quem fez essa lei cometeu uma ilegalidade, porque isso não pode ser legal.

Na minha opinião, isso só vem demonstrar, mais uma vez, que o povo brasileiro está longe, muito longe, de ser dono do Estado.

E a minha opinião nada tem a ver com críticas à Operação Lava Jato. Pelo menos, de minha parte. Não tem nada a ver. Temos que questionar os juízes seriamente."

Em 4 de fevereiro de 2018

> ILUSTRAÇÃO:
> CHAMADA DE MATÉRIA NO JORNAL
> *EL PAÍS BRASIL:*
> *"Lava Jato segue parada no STF quase*
> *três anos após primeira lista de Janot."*

Bom dia. Ótima reportagem no *El País Brasil*. Infelizmente — infelizmente! — a suspeita de que se está praticando uma justiça seletiva aumenta a cada dia! Como eu disse faz algum tempo, se não forem julgados todos — todos! — os envolvidos na massiva corrupção (que a Lava Jato trouxe à tona) antes das próximas eleições, o pleito não terá legitimidade alguma e o caos no Brasil vai se prolongar.

Eu não faço defesa apaixonada do PT, nem de dirigente petista algum, mas se os chefes dos outros partidos — PSDB, PMDB, PP e outros — escaparem a sequer serem investigados, dirá irem a julgamento, a tese petista de que existe um golpe em curso começa a ficar incontestável!

E este golpe se opera por dentro da legalidade, do mesmo modo que o auxílio-moradia pago a juízes que têm casa própria.

Ainda bem que surgiram no Brasil veículos de informação que nos fazem acreditar novamente na importância da liberdade de imprensa. E na nossa! Espero que nas próximas eleições a gente se livre de toda essa gente. E que não nos deixemos iludir por aventureiros! Ser conhecido não é credencial de comprometimento com o bem comum. Quando brincam aqui no Instagram lançando meu nome para presidente do Brasil, eu rio, gargalho... E depois fico pensando: como poderia eu, que passei a vida dedicado à arte de representar, me arvorar a ser um administrador do país? Eu ainda estou me esforçando para decorar a capital de todos os estados. E o que serve para mim, imagino que sirva para muita gente famosa. Ser nacionalmente conhecido não é certificado de habilitação para a política.

Bem... Mas o país é livre. É?

A democracia não pode ser refém da publicidade! Não se faz conversa honesta com slogans. E sim com argumentos e vontade de ouvir!

Desespero que não cabe em mim! Bom dia, bom domingo, e que venha a folia!

Ouçamos Paulinho da Viola: "Bebadosamba". Ajuda muito!

Em 6 de fevereiro de 2018

> ILUSTRAÇÃO:
> CHAMADA DE MATÉRIA NO JORNAL *O Globo*:
> *"Presidente do TJ-RJ ironiza auxílio-moradia*
> *e diz que é muito pouco."*

Ao que parece, segundo reportagem de *O Globo*, a arrogância dos poderosos brasileiros não se constrange nem diante da nudez explícita de suas vergonhas!

Esses são os sinais aterrorizadores do fascismo que se insinua no Brasil. E ele vem de todos os lados: direitas e esquerdas, centros e, principalmente, subterrâneos.

Oxalá a nossa frágil democracia resista.

Sugestão: no *El País Brasil*, Vargas Llosa sobre drogas e violência. Muito lúcido e muito bem escrito! Em tempo de mediocridade no poder, a qualidade intelectual deve ser enaltecida! O texto de Fernando Henrique Cardoso, no mesmo jornal, também prima por essa qualidade. É muitíssimo bem escrito.

Ideias expostas com clareza elevam o debate e revelam a estupidez dos estúpidos. Mas — faço questão de frisar! — não é só de intelectuais que nos chega o bom português e a lucidez. O samba, a literatura de cordel, o rap, os comentários aqui nessa praia feita só de letras e fotos, também testemunham a excelência e a sabedoria da gente brasileira! Bom dia.

E frase para o dia: nem tudo que é legal é legítimo!

Juízes proprietários têm o dever moral perante a nação brasileira de abrir mão do auxílio-moradia. Os que não o fizerem, estarão desmoralizados e enfraquecerão ainda mais a democracia, aprofundando a crise e a descrença do povo.

Essa é a minha opinião. Não há crime maior do que o abuso de poder.

Era prudente estudarmos a Revolução Francesa.

Em 7 de fevereiro de 2018

TRANSCRIÇÃO DE VÍDEO:

"Bom dia, pessoal. Hoje acordei com uma questão sobre a democracia e queria compartilhar com vocês. A gente está muito habituado a lutar por democracia no ambiente público, na política. Mas eu também sinto muita falta de haver democracia no ambiente de trabalho. As grandes dificuldades que eu tive na minha vida profissional foi por lutar por democracia no ambiente de trabalho.

Eu acho que apenas porque o capitalista empenha o dinheiro dele não significa que ele é dono do resultado. E eu acho que o empresário também tem que ter uma obrigação para com a democracia. Ou seja: toda empresa tem que ser gerida também por quem nela trabalha.

Então, me ocorre perguntar: Vocês sentem falta de democracia no ambiente de trabalho de vocês? Vocês acham que seria positivo haver democracia dentro das empresas também?

Eu acho que pensar por aí seria uma boa maneira de começar uma mudança para o Brasil. E então? O que é que vocês acham?"

Minha opinião:

1) O capital não vale mais que o trabalho.
2) Sem o trabalho, o capital nada pode.
3) O capital merece ser remunerado pelo seu empenho.
4) O empresário, quando honesto, também é um trabalhador.
5) Por serem codependentes, trabalho e capital devem compartilhar o comando e o resultado do seu empenho conjunto.
6) Por estarem, o capital e o trabalho, inevitavelmente associados, e terem os seus destinos atrelados, a democracia dentro das empresas é a única forma aceitável de gestão.
7) Penso que a democracia na vida pública brasileira claudica, se apequena, vive aos tropeções porque nos falta democracia no ambiente de trabalho.

A democratização da administração das empresas demandaria um enorme esforço por ser novidade bastante inédita, apesar de já ter havido alguns ensaios.

Demandaria uma nova compreensão ética e seria uma autêntica revolução.

Será que não nos cabe, nesse momento da história, deixarmos de pensar na claustrofóbica vidinha desonesta da política partidária, e lançarmos a nossa ambição na busca de mudanças muito mais efetivas?

Não seríamos nós, talvez, uma geração que deveria se propor uma revolução? E essa revolução não poderia começar pela exigência de democracia nas relações de trabalho?

Não tenho respostas. Não é uma convicção. É uma inquietação, um sonho acordado.

O que pensam os meus amigos, veranistas dessa praia seca onde o sol empalidece e a pele nunca fica bronzeada?

P.S.: Tenho acompanhado no Instagram amigos em Salvador! Que inveja! Que beleza, a Bahia.

Sugestão: Música "João Valentão", de Dorival, na voz de João Gilberto.
Outra: Entrevista no jornal *Zero Hora* com Mano Brown. Excelente. Foi sugestão de uma colega daqui. Nos dá conta das complexidades do momento. Grande artista.
Bom dia.

16 de fevereiro de 2018

TRANSCRIÇÃO DE VÍDEO:

"Bom dia, foliões. Muito o que falar sobre a democracia no ambiente de trabalho. E eu queria dar o exemplo de uma coisa vivida por mim. Quando eu estive na lá na TV Brasil para dar uma entrevista ao vivo... Cheguei lá e encontrei uma greve, e fui embora. O presidente da empresa tinha ofendido o povo brasileiro, e eu realmente fui embora. Eu saí de lá com a sensação muito forte, que se tornou uma convicção, de que a democracia depende de haver programas de entrevista ao vivo. Programas nos quais o entrevistado possa falar e reagir sem sofrer nenhum tipo de ameaça de uma possível edição do que ele disse depois.

Eu queria perguntar a vocês, então: nós não deveríamos exigir que esteja na próxima agenda política do Brasil a demanda por entrevista ao vivo?

Isso seria a presença da democracia no ambiente público; algo além de democracia na vida política, apenas."

Achei uma vitória para nós que as escolas de samba e os blocos de rua tenham gritado a nossa revolta contra os desmandos da classe política, toda ela, e daquela parte das elites econômicas que se mantém indiferente ao povo. Viva a expressão popular!

Agora começa o ano e eu gostaria de dedicar os dias ensolarados dessa praia sem mar nem vento à tentativa de compartilhar modos de aperfeiçoar a democracia brasileira, dentro e fora do ambiente político-partidário.

O que acham? Não seria uma boa maneira de nós tomarmos aos políticos a soberania sobre a agenda do país?

O que acham?

Em 17 de fevereiro de 2018

> ILUSTRAÇÃO:
> CHAMADA DE MATÉRIA NO SITE
> DE NOTÍCIAS G1:
> *"Diretor de escola em Rio Preto (SP) transformou*
> *o local, acostumado a violência, em um*
> *colégio democrático."*

Apesar de, na minha opinião, a matéria do G1 ser de má qualidade, ela nos conta do sucesso do professor Diego Mahfouz Faria Lima na condução de uma escola em Rio Preto. Sucesso creditado à democratização das relações dentro do estabelecimento. Notícias como esta confirmam a minha crença de que a democracia — que é, em seu âmago, o amor pela diferença — produz ordem e promove a vida! Enquanto todo e qualquer regime autoritário, por trás da aparência de ordem que exibe, produz tristeza e a pior das desordens, que é o silêncio imposto à variedade de ideias, desejos, modos de amar, a tudo.

Em tempos de intervenção militar na segurança pública do estado do Rio de Janeiro — assunto a ser ainda observado aqui — nunca é demais cuidar da democracia e lembrar os bons resultados que ela traz.

Quanto às entrevistas ao vivo, penso que devemos aprofundar o debate. É mesmo uma questão crucial para a democracia. Minha opinião.

Em 20 de fevereiro de 2018

TRANSCRIÇÃO DE VÍDEO:

"Bom dia. Durante muitos anos, durante [o tempo em que trabalhei em] A grande família, *eu jogava um futebol organizado por mim e por um colega meu da produção, o Guto. E ali eu conheci uma porção de garotos da região, que jogavam com a gente, e que queriam ser jogadores profissionais. E descobri através deles que, para se registrar na federação, eles precisam que um clube os federalize. E os clubes lidam com uma porção de intermediários, pessoas que representam os jogadores. Isso é baixíssima democracia nas relações de trabalho. Qualquer pessoa que queira ser jogador de futebol — e outras profissões também... qualquer profissão que não necessite de saber científico — deve ter o direito de ir se representar a si mesma na federação. Leiam essa matéria aqui do* El País, *sobre futebol: "Reforma da legislação esportiva ameaça direito de crianças no futebol". Democracia nas relações de trabalho é única saída que nós temos, na minha opinião, para melhorar a democracia na vida política. Vamos pensar nisso. Bom dia.*

Muitas e muitas profissões podem ser aprendidas no próprio exercício. Eu aprendi teatro fazendo teatro. Estudei por minha conta.

É natural que se exija escola àqueles que pretendem profissões que dependem da aquisição de conhecimento científico. Mas jornalistas, artistas, pedreiros, modelos, decoradores, talvez até advogados, arquitetos, sociólogos e professores, além de tantas outras, inclusive jogadores de futebol, dependem apenas da vontade e da dedicação do interessado. A mera declaração do desejo e a exibição de algum feito deveriam ser suficientes para que a pessoa conseguisse o seu registro profissional.

Por que razão nesse mundo apenas clubes podem profissionalizar jogadores? Talvez exista uma razão e eu a desconheça. Da minha ignorância, penso que esse privilégio dos clubes é movido pelo interesse de dominar o acesso do jovem aspirante ao mercado de trabalho para poder explorar o futuro sucesso dele. Dirão alguns que o futebol enriquece rapidamente os atletas. Verdade incompleta. Uma imensa maioria sucumbe ao negócio e fica na beira do gramado sem nunca ter vez! Dirigentes e intermediários, sim, sem saber sequer chutar com os dois pés, é que fazem fortuna. (Não digo que não existam bons empresários de jogadores. Deve haver. Mas o negócio não é dominado por eles.)

Democracia no futebol: poder para o jogador e não para o time! Isso é democracia nas relações de trabalho.

Alguém duvida que Zagallo, em 1970, respeitava Pelé, Tostão, Gerson, Rivelino, Carlos Alberto e companhia, e com eles compartilhava as decisões sobre o time?

Eu acredito que o equilíbrio de poder — democracia — na seleção do tri é uma das razões de ela ter feito história. Outro exemplo seria o Flamengo de Zico, Andrade, Adílio, Júnior, Nunes, Tita, Leonardo e outros.

Pessoas fortalecidas pelo respeito à sua individualidade constroem um coletivo poderoso. Pessoas subjugadas pela instituição que organiza a atividade — seja clube, escola, televisão, força policial, crime organizado ou qualquer outra — produzem coletivos de pouca expressão. "Power to the people."

Essa é a minha opinião e a minha paixão. Democracia em tudo, para todos!

Em 22 de fevereiro de 2018

A democracia é respeito pela ordem muito mais do que possam crer as pessoas com tendências autoritárias.

Ao ser o sistema de convívio que, em sua perfeição imaginada, dará poder a cada um para influenciar o destino de todos, a democracia ordena as diferenças, distende a tensão dos antagonismos e ameniza a agressividade do convívio.

Sobre as Forças Armadas, eu me pergunto se não deveríamos nos questionar quanto à natureza da hierarquia de comando na qual se sustenta todo o funcionamento dela. Será ela necessária? A que fins ela atende? Por que razão devemos crer que a ordem superior deve ser acatada sem reflexão por aquele a quem caberá executá-la?

Eu acho que o soldado — e o policial — merece democracia no seu lugar de trabalho. Eu acho que a democracia produz ordem e eficiência, enquanto toda autoridade que não admite questionamento produz arbitrariedade, repressão e caos — caos interno, dentro da pessoa forçada a obedecer — que depois explodem em violência. Quem é vítima de violência estrutural tende a se tornar violento.

Na minha opinião, o exército e as outras Forças Armadas devem desenvolver uma hierarquia que seja de função e não de autoridade. Que os soldados elejam os sargentos, estes os tenentes, os tenentes os capitães... E assim por diante.

Só um exército democrático em sua própria intimidade defenderá a democracia do seu país.

Eu acho que nós temos que ter muito respeito e carinho por aquele a quem entregamos uma arma e pedimos que ele defenda a nossa vida — e a nossa democracia — com a vida dele. Se pensarmos bem, é a função mais nobre que há! Pedir por democracia dentro das forças militares é respeitar o soldado como cidadão brasileiro.

Eu, num delírio de otimismo, no meu mais profundo desejo de amor pelo Brasil, anseio pelo dia em que todos sejamos militares porque todos os militares serão civis e as forças serão desarmadas!

O que acham? Estou ficando louco de tanta vontade de paz?!

Em 23 de fevereiro de 2018

TRANSCRIÇÃO DE VÍDEO:

"Bom dia. A procuradora-geral da República, Raquel Dodge, parece que deu parecer favorável ao auxílio-moradia para juízes e tal. Parece que a justificativa é porque eles teriam direito a residência oficial, e não estando disponível... Enfim. Acho mesmo ruim. Mesmo ruim. Gostaria que os administradores públicos perguntassem a nós, que somos os donos do dinheiro, se nós queremos pagar algo além de um salário para o funcionário público. A justiça social brasileira passa também por um Estado brasileiro que seja correto e simples, onde todas essas regalias... Nós temos que votar apenas em pessoas que se comprometam a mudar tudo isso. Ainda não apareceu nada de novo. A nossa situação é difícil."

É um cansaço termos que nos debater pelo que nos parece óbvio! Os juízes brasileiros se desmoralizam insistindo nesse direito de receber auxílio-moradia. Como podem juízes e demais servidores de alto escalão serem indiferentes ao momento e à história? Precisamos de uma Constituição verdadeiramente democrática. Cansa a beleza da gente!

Outros assuntos: sugiro o excelente artigo de Lígia G. Diniz, no *El País Brasil*, intitulado: "*Nossa imaginação precisa de literatura mais do que nunca.*"

Ótima leitura sobre assunto que falei aqui quando estive empenhado no lançamento de *O livro dos títulos*. O texto de Lígia diz tudo, e muito mais, sobre o que eu tentei dizer. Vale mesmo a leitura.

Sobre a intervenção no Rio: agradeço os comentários. Assunto para nunca deixarmos morrer! Eu acho que a conversa sobre a criminalidade é uma conversa sobre a própria identidade da nossa nação.

Um começo: o que fazer com a nossa humana vontade de nos drogarmos? Vontade tão imperativa que move uma economia enorme e custa milhares de vidas. Se não conversarmos sobre o que nos leva a amar as drogas jamais saberemos por que as proibimos; nem por que, depois, enfrentamos a proibição, e ainda fingimos desconhecer a violência que essa proibição do que tanto amamos termina por produzir!

Podemos nos divertir em uma mesa de bar, pretendendo que o álcool — porque o seu veículo é um alimento — é menos droga do que as outras. A violência e o desejo — quase unânime — de nos drogarmos são o mesmo assunto, na minha opinião. Falar de um sem falar do outro é entregar a questão na mão das forças de segurança.

Eu sou pela descriminalização de tudo que alguém faça a si mesmo e não prejudique os outros. Mas não gosto de drogas. Perdi amigos e parentes para o descontrole da droga. E não conheço quem deseje para um filho o vínculo com a droga que a própria pessoa tenha conhecido. Mas odeio também moralismos e condenações. Convivo, eventualmente, com pessoas afeitas a se drogarem e, até uma certa medida, nenhum mal me faz.

Proibir a droga, transformando o seu comércio e consumo num crime, esconde a verdadeira natureza da questão, que é saber o que nela tanto amamos a ponto de a proibirmos.

O que pensam sobre isso?

Em 23 de fevereiro de 2018

Democracia doméstica. Depois de fazer as camas, recolher a roupa do varal, colocar uma máquina para bater, ter alimentado os cachorros e preparado o meu almoço — que já estava pré-preparado, diga-se a verdade —, eu me disse: agora vou trabalhar! E me dei conta de que eu não considerava o trabalho doméstico trabalho! Mesmo depois de já ter feito companhia a Graziella Moretto na realização do espetáculo *O homem primitivo*, cujo assunto era a desvalorização do trabalho doméstico como um dos pilares da construção de uma sociedade machista, eu ainda incorria no erro! A força do hábito cultural é imensa, como se vê.

Aqui em Portugal, como em quase toda a Europa, a constância de governos de esquerda no pós-guerra fez cada pessoa se saber responsável pela sua casa. Ainda há alguma oferta de serviço doméstico, mas muito menos do que se pode obter no Brasil. Não só porque é caro; mas, principalmente, porque é esperado que cada um cuide de si quase que totalmente. É entendido como uma obrigação de educação.

Isso é uma conquista da democracia. Sou pela democracia no lar!

Deveríamos perguntar às nossas empregadas domésticas se elas gostariam de ter outra profissão; se elas foram trabalhar em casa de família por vocação ou por necessidade. Muitos laços afetivos sinceros e intensos se estabelecem dentro da casa brasileira com a sua clássica estrutura derivada de séculos de escravidão. Eu acho que nós, que nos valemos de serviços domésticos, devemos a quem nos serve essa pergunta quanto ao desejo deles. Isso para mim é democracia para além da vida pública. É democracia no coração da vida cotidiana.

Eu já me beneficiei de imensos serviços domésticos. Mas há muitos anos já me tornei incapaz de deixar a louça suja na pia para a funcionária doméstica lavar no dia seguinte. Se eu gosto de encontrar a cozinha limpa, ela também deve gostar.

Pronto: fui autoelogioso porque também sou filho de Deus.

Vou esquentar o almoço!

Tudo isso porque eu queria dizer que temos que lutar pela escola em tempo integral no Brasil! Toda criança tem esse direito. E, assim, os adultos passariam a ter mais tempo para cuidar da casa.

Em 27 de fevereiro de 2018

E esse novo Ministério da Segurança? É pura hipocrisia eleitoreira, na minha opinião. Morador de favela merece o mesmo respeito que queremos para nós todos. Sou contra a revista aleatória da população. Sempre fui! Sou contra a invasão de domicílio, mandado de busca coletivo...

A solução para a violência? Não sei qual é. Tenho muitas sugestões e dúvidas. Mas oprimir os pobres negando-lhes direitos é pura covardia. Já foi feito por diversos políticos desonestos — como o governo atual — e nada resolveu.

Uma sugestão: em lugar de polícia e exército (apenas!), por que não organizar o espaço urbano das favelas? É impossível administrar aquele caos! Urbanizar traria bem-estar e cidadania a quem lá mora! Isso sim seria um começo de enfrentamento honesto da questão da violência. Nunca vi nenhum plano de segurança contemplar essa necessidade evidente. Muito menos este de agora. Tristes dias! Minha opinião.

Em 4 de março de 2018

> TRANSCRIÇÃO DE VÍDEO:
>
> *"Bom dia. Eu queria falar sobre democracia na escola. Eu tive o privilégio de estudar em uma escola profundamente democrática! Chamava-se Instituto Souza Leão. Não me lembro de a minha voz ter sido cassada nenhuma vez; não me lembro de ter recebido um castigo desproporcional a alguma falha disciplinar; ao contrário, lembro de ter sido sempre respeitado. A grande lição que eu aprendi no Instituto Souza Leão foi que eu merecia ser respeitado, que eu era um cidadão. Devo muito à minha escola. Muito mesmo.*
>
> *Eu acho que uma das opressões mais desastrosas é aquela que o adulto exerce sobre a criança no momento de a educar. Educar é limitar o direito à espontaneidade absoluta. É necessário e é brutal. Por isso mesmo deve ser suave; eu acho.*
>
> *Eu queria perguntar aos meus amigos aqui desta praia sem nada: o que acham sobre haver maior democracia na escola? Alguma sugestão?"*

Democracia na escola.

Não sou educador e pouco sei de pedagogia. Falo sobre o assunto com o amadorismo de um pai que tem filhas em todos os níveis escolares.

1) Deve o Brasil ter um currículo escolar unificado?

Eu penso que os regionalismos deveriam ser contemplados, embora se mantivesse um grupo de ensinamentos comuns. Um exemplo: que todos estudássemos toda a história do Brasil, mas os gaúchos se aprofundassem mais detalhadamente na Guerra dos Farrapos, e os nordestinos, na Confederação do Equador.

E que houvesse um programa de intercâmbio: um aluno pernambucano fosse passar um semestre explicando a seus colegas gaúchos o pensamento de Frei Caneca enquanto ouvia deles quem foi Giuseppe Garibaldi.

2) A parte flutuante do currículo deveria receber decisiva contribuição dos professores, podendo cada um escolher o que e de que modo ensinar.

3) Devemos deixar que o ensinamento das ciências tenha soberania sobre outros modos de saber, notadamente, os artesanais? Penso que não. Acho que saber cozinhar é tão importante quanto fazer uma equação do segundo grau. E eu nunca tive aulas de culinária na escola. Faz-me falta até hoje.

4) Ensino religioso. Eu acho que a escola pública deve ser laica e ensinar a religião enquanto fenômeno humano. Falar de todas as religiosidades com igual respeito e profundidade; inclusive, do ateísmo. Acho que o professor pode e deve declarar o seu credo, mas nunca impô-lo como o único verdadeiro.

5) Acho que a partir do ensino básico o aluno deve, gradualmente, poder escolher as suas matérias de interesse.

6) Acho que ninguém deve ser perguntado quanto a sua raça, gênero, orientação sexual... Cada um que diga de si o quanto quiser e quando quiser. Acho que os banheiros deveriam ser individuais, dando a todos direito a sua privacidade.

Tanto assunto!

Onde habitualmente menos se vê lugar para a democracia é onde eu mais sinto necessidade dela. Só com liberdade é possível criar a criança para a liberdade. Do mesmo modo que — como eu disse outro dia — só um exército democrático em sua estrutura de comando saberá defender a democracia, apenas uma pessoa criada com liberdade haverá de oferecê-la aos outros.

Só um povo organizado democraticamente em todas as suas relações sociais saberá se opor à tirania dos seus governantes.

E aí, colegas? Concordam comigo? Discordam?

Em 6 de março de 2018

> TRANSCRIÇÃO DE VÍDEO:
> *"Bom dia. Democracia nas relações da pessoa com o Estado.*
>
> *Eu acho que o Estado não deve estar presente em todas as relações econômicas. Por exemplo: eu vendo um apartamento; tenho que pagar um imposto sobre o lucro imobiliário. Ok. Isso me parece justo. Agora, que para fazer o registro, eu tenha que pagar uma fortuna ao Estado, eu acho injusto.*
>
> *Outro exemplo: a gorjeta. Agora é obrigatório a gorjeta constar na contabilidade dos restaurantes. E os garçons, para receber a gorjeta, têm que pagar imposto sobre ela. A informalidade não é uma ilegalidade. As relações humanas têm que comportar uma certa informalidade. O Estado que deseja estar presente em todas as relações econômicas é um Estado autoritário. O que é que vocês acham sobre isso? Alguma informalidade não é bem-vinda?"*

Eu sei que muitas vezes, na maioria das vezes, o poder econômico se vale da informalidade — ou da falta de legislação específica — para explorar o trabalhador. Mas acredito que quando os políticos buscam eliminar toda a informalidade, não o fazem em defesa dos desvalidos. O que pretendem é enriquecer o Estado, que financia a vida deles, honesta ou desonestamente. O imposto de doação sobre imóvel dado a um filho é um exemplo dessa tirania do Estado através de tributação sobre todas as relações econômicas.

Eu acho que um sistema tributário deve ser simples, simplíssimo, incidir sobre lucros e salários com alguma proporção a ser definida, e só! (Dividendos não são tributados no Brasil.) Desde o Império Romano, e antes, que a opressão à liberdade é exercida através de cobrança de impostos, e da repressão severa à sua sonegação. Com todos os crimes que havia cometido, Al Capone só pôde ser preso porque sonegou impostos. Seria cômico se não fosse trágico.

Nem toda informalidade é ilegalidade, ou não deveria ser, na minha opinião.

Eu já fui condenado na Justiça do Trabalho por ter mantido relações informais com trabalhadores que me prestaram serviço temporário — três, quatro meses. Muitas vezes, eles mesmos não queriam a carteira assinada; outras, eu tinha preguiça de normalizar relações tão efêmeras com pessoas que eram autônomas.

Entretanto, sempre paguei todos os direitos e respeitei horários como mandava a lei. Eu acho que o cidadão de bem não precisa da vigilância do Estado para se comportar bem! Mas, por má-fé deles, sofri esses processos.

Perdi, não recorri porque compreendi a razão da sentença, paguei o que devia e lamentei que, mesmo estando certo, eu estava errado porque o Estado não reconhece a legalidade de relações informais. Isso porque a informalidade lhe foge ao controle. Autoritarismo, na minha opinião.

Assunto enorme e fora da pauta oficial do país porque não interessa aos políticos — a nenhum deles! — falar sobre algo que lhes tiraria poder.

Eu pergunto aos meus amigos daqui: é possível manter o trabalho protegido da exploração e, ainda assim, admitir alguma informalidade nas relações econômicas? O que acham? Eu acho que sim.

Em 15 de março de 2018

> ILUSTRAÇÃO:
> CHAMADA DE MATÉRIA NO JORNAL
> *EL PAÍS BRASIL*:
> *"Vereadora do PSOL é morta a tiros*
> *no centro do Rio de Janeiro."*

Só tristeza! Tristeza sem fim! Injustiça sem fim! Escravidão sem fim! Maldade! Machismo, preconceito, covardia!

Eu penso que a formação de um policial deveria ser um curso superior. Cinco anos de aulas sobre tudo: história, economia, literatura, psicologia, trabalhos manuais e religião. E que lhe fosse oferecido um plano de carreira justo, e todos os apoios que a função dificílima de ser polícia exige da pessoa. Mas em lugar disso, nossos políticos nos prometem milagres de segurança baseados na contratação precipitada e na formação precária de novos contingentes policiais. E ainda os largam à própria sorte, fazendo uso irresponsável de suas vidas. Não é de admirar que a polícia se perca em corrupção dos ruins e desânimo dos bons. E, naturalmente, aqueles com tendência a comportamento vil encontram proteção para os seus crimes dentro da força.

E os políticos, agora já todos ansiosos pelo nosso voto, sobre a formação do policial, não querem falar.

Os políticos brasileiros, e a parte da elite econômica que os sustenta, têm na sua conta a morte de hoje, assim como muitas de ontem e — a não ser que um autêntico milagre de amor, de revolução pelo amor, as evite — serão responsáveis pelas mortes de amanhã.

Que força em nós trará para o debate a questão da formação do policial? De que modo conseguir que a nossa democracia seja defendida por uma polícia que salva vidas e não que acaba com elas?

Em 17 de março de 2018

> ILUSTRAÇÃO:
> CAPTURA DE VÍDEO DO SITE
> DE NOTÍCIAS G1:
> *"Curso de aperfeiçoamento para
> renovação da CNH."*

É disso que eu estou falando quando digo que o Estado brasileiro foi tomado de assalto pelos políticos e administradores. Essa constante criação de obrigações só existe para inchar os cofres públicos e financiar a roubalheira deles! Vocês conhecem algum político que se oponha a medidas absurdas como essa nova exigência para a renovação de carteira de motorista?! A própria renovação obrigatória já é absurda! Alguém conhece quem tenha desaprendido a dirigir? Nenhum político, de partido algum, se opõe a esses desmandos. Políticos querem nos roubar através do Estado para terem fundos infinitos para a corrupção! Quantas taxas, aumentos de IPTU, multas de trânsito absurdas, não correção monetária para cálculo de lucro imobiliário, e mais um sem-fim de modos de nos roubar diariamente através de obrigações para com o Estado são inventados a toda hora?! Qualquer pessoa no poder é hoje um inimigo do Brasil. Essa é a minha opinião. Temos que nos livrar de todos eles! Todos! De que modo? Eu não sei. Mas não votar nos que estão aí é um começo. Em nenhum deles. Muito menos naqueles que se oferecem como novidade, mas nada dizem de novo! Devemos procurar quem queira o poder para dele abrir mão! Devemos exigir a desoneração do cidadão! Devemos gritar contra o auxílio-moradia para quem tem casa própria! Minha opinião. Toda a estrutura do Estado brasileiro está organizada para assaltar o cidadão e enriquecer senadores, deputados, vereadores, juízes, desembargadores, comissionados, e os empresários da iniciativa privada que trabalham com contratos públicos. Meu voto vai para ninguém, por enquanto. E só irá para alguém se surgir quem se comprometa a tirar as garras do Estado de cima do povo! Liberdade! Liberdade! Minha opinião! E nessa matéria, o PT, no qual sempre votei, nada fez. E por que faria? Todo político quer um Estado rico e um povo pobre, oprimido por obrigações para com o Estado. O poder é o inimigo da democracia!

Em 18 de março de 2018

> ILUSTRAÇÃO:
> CHAMADA DE ARTIGO DE LUIS NASSIF NO
> JORNAL *GGN*:
> *"Com ataque a Marielle, desembargadora*
> *expõe vícios da Justiça do Rio."*

Bom dia. Impossível começar o domingo sem reagir a Marília Castro Neves e sua nefasta manifestação no Facebook, já esse um lugar nefasto por si só.

Sugiro a leitura do artigo de Luís Nassif no jornal *GGN* — que eu não conhecia até hoje de manhã. Nassif nos conta quem é essa pessoa, como chegou ao cargo que ocupa e o marido que tem, Marfan Vieira, também ele um empregado nosso, também ele um funcionário — mais um! —, desses que não nos obedece.

Está tudo lá, no texto do Nassif. Não deixem de ler. Até onde sei — porque já não sei muito —, a fonte é respeitável.

Eu acho que o Judiciário é tão corrupto e desinteressado do Brasil quanto o são o Legislativo e o Executivo.

Também ali, homens com sincero espírito público são minoria, eu creio. E se alguma dúvida eu tinha, e alguma esperança me restava de que o Judiciário poderia guardar melhores brasileiros que os outros poderes, a dúvida e a esperança caíram por terra com a indecente defesa que todos eles fazem do seu aumento salarial através de auxílio-moradia, mesmo para quem tem casa própria na cidade onde trabalha. Gente sem amor à pátria! Os juízes brasileiros podem até respeitar a lei, mas não respeitam a justiça. E eu nada tenho contra a Lava Jato, antes que me acusem.

O nosso abandono é total! O Estado brasileiro está tomado de assalto por grupos de bandidos. E eles vão resistir!

Eu acho que a nossa democracia está suspensa por um fino fio de legalidade. Quem hoje afronta a paciência do povo está cometendo um ato cujas consequências poderão ser catastróficas.

Mantenhamo-nos unidos em nossas diferenças pois os nossos inimigos manter-se-ão unidos contra nós na igualdade deles. São todos ladrões em posse do Estado, aliados a grupos econômicos da iniciativa privada.

Vivam os pouquíssimos funcionários públicos de alto escalão que são honestos! Eles são o fino fio que sustenta a nossa legalidade!

P.S.: Revogaram a absurda portaria da CNH. Não tivéssemos eleição esse ano, duvido que o fizessem. Falta ainda suspender muita obrigação sem sentido! Muita!

Bom domingo.

Vou aproveitar o dia nublado para lavar os banheiros e ver se aprendo a passar roupa. Será que algum candidato à Presidência do Brasil lava o seu próprio banheiro?

Em 29 de março de 2018

Bom dia.

Sou contra a obrigatoriedade de haver partidos políticos porque o partido é já uma estrutura de poder.

Partidos têm líderes, grupos, subgrupos, tendências, tesoureiros... Partidos são associações com fins comerciais. Agregam pessoas que querem viver da política, fazer dela o seu ganha-pão. Nada guardam de sua origem histórica, que remonta aos primórdios das distinções ideológicas. São hoje, ao menos no Brasil, uma agência de empregos para todo tipo de aventureiros.

Mas os políticos não querem falar disso. Nenhum deles; nem velhos nem novos, nem direitos nem esquerdos. Aos políticos interessa a obrigatoriedade de haver partidos. Muito dinheiro corre por dentro dos partidos! É dentro de um partido que o político começa a enriquecer com o negócio milionário das eleições.

Eu acho possível haver democracia sem partidos políticos. Na próxima eleição, não teremos ainda como estar livres deles. Mas vou guardar o meu voto para aqueles que, ao menos, se manifestem quanto ao desaparecimento da obrigatoriedade de haver partidos políticos.

Nos Estados Gerais, a assembleia que se reuniu a pedido do rei Luís XVI, e que deu origem ao processo da Revolução Francesa, não havia partidos políticos ainda. A representação se fazia pela natureza da classe social: nobreza, igreja e o povo. É curioso que tenha sido assim, e me faz imaginar que haver partidos políticos não é uma condição fundamental da democracia.

O que acham?

Sugiro a leitura do artigo "O segundo assassinato de Marielle Franco", por Xosé Hermida, no *El País Brasil*. O meu coração não para de sangrar pela morte de todas as vítimas da violência brasileira, que na morte da vereadora se encerram. E por ela mesma, pela pessoa dela, pela brasilidade imensa que se expandia na pessoa dela. Me dói como me doeu a morte de Chico Mendes. É o Brasil que morre quando matam os brasileiros mais brasileiros entre nós! Para que ela descanse em paz, como se diz, as pessoas de bem não poderão descansar nunca mais. E antes que me lembrem dos policiais mortos em combate — como se o pranto por ela me fizesse insensível à morte deles —, eu digo que eles estão já mencionados quando eu disse "todas as vítimas da violência brasileira".

Em 20 de março de 2018

> ILUSTRAÇÃO:
> VÍDEO ONDE EU APAREÇO PASSANDO ROUPA.

Bom dia.

E precisa dizer alguma coisa? Mãos à obra, que quem muito fala pouco faz.

Me ocorre perguntar aos colegas desta praia imaterial aqui: quantas horas um casal com dois filhos gasta diariamente para dar conta de todo o trabalho doméstico? Sem ajuda profissional nenhuma. Imagino que umas duas horas, no mínimo, e numa casa cheia de modernidades. Quanto tempo vocês gastam, ou imaginam que gastariam?

Em 21 de março de 2018

TRANSCRIÇÃO DE VÍDEO:

"Boa noite. Sobre o tempo gasto no trabalho doméstico. A resposta das pessoas deu, mais ou menos, três horas por dia. Então: três horas de trabalho doméstico mais oito horas de trabalho fora de casa já são onze horas; com mais oito horas que a gente precisa para dormir, são 19 horas; das 24 que tem o dia, sobram cinco.

Consigo mesmo, digamos que a pessoa gaste uma hora entre acordar, tomar banho, ir ao banheiro, adormecer e tal... Sobraram quatro horas.

Temos que fazer uma hora de exercício; meia hora para se informar, que é o mínimo; e ainda tomar café da manhã, almoçar e jantar... meia hora para cada refeição, dá na soma uma hora e meia para refeições. Tudo somado — exercício, se informar, refeições — dá três horas.

Então, das quatro horas que haviam sobrado, só nos resta uma hora. Se o casal tem dois filhos, meia hora para cada um de dedicação exclusiva e aí já foi o dia.

Bem, mas falta a locomoção. Se a pessoa mora no Rio ou em São Paulo, uma hora para ir para o trabalho e outra para voltar é o mínimo.

> *O dia já ficou pequeno; faltam-lhe duas horas. Fora tempo para ler, visitar amigos, não fazer nada, viver... Vamos tirar de onde o tempo que nos falta? Na minha opinião, da jornada de trabalho."*

Boa noite.

Eu gostaria de votar em um projeto político que desejasse a diminuição em uma ou duas horas da jornada de trabalho. De oito fosse para sete ou seis. E que houvesse grandes possibilidades de acordos, do tipo: às segundas, terças e quartas, eu trabalho oito ou nove horas (sendo, o máximo, dez) e compro com isso a sexta-feira. Ou: parte do trabalho, faço de casa. Ou: meu trabalho não se mede por horas, mas pela tarefa.

Claro que toda essa liberdade daria oportunidade para aos donos do capital imporem aos trabalhadores o que lhes conviesse. Para evitar isso é que eu clamo por democracia nas relações de trabalho. As empresas, a meu ver, deveriam ser dirigidas pelos seus donos e por representantes dos trabalhadores, que são tão donos delas quanto eles; uma vez que eu acredito que o capital e o trabalho têm o mesmo valor. Nunca aceitei pacificamente que fosse o dono do dinheiro quem empregasse e não um grupo de realizadores — os chamados empregados — que contratassem um investidor.

Relações muito rígidas de trabalho nos fazem infelizes, eu acho. A oposição patrão/empregado é um erro, na minha opinião. Somos todos sócios.

Sei que são ideias incomuns, mas queria saber a opinião de vocês. Vocês gostariam de trabalhar menos horas fora de casa? E gostariam de relações de trabalhos mais livres?

P.S.: Se gastamos, em média, três horas por dia com a casa, é razoável aceitar que o turno do trabalhador doméstico fosse de apenas quatro horas para que ele tenha tempo de cuidar da casa dele. Claro que esse meio turno deveria ser remunerado como se fosse um turno integral. Esse é um passo gigantesco em direção à justiça social que poderemos dar sem depender de políticas governamentais. O que acham?

P.S. 2: Como é que vocês organizam o dia de vocês? Adoraria saber.

P.S. 3: Obrigado pelas respostas! Adoro ler. Tem diminuído a minha solidão cívica nesses dias tão difíceis.

Em 22 de março de 2018

Ilustração:
Chamada de matéria no jornal
El País Brasil:
*"Na véspera de julgar recurso de Lula, Supremo
vira ringue para Barroso e Gilmar."*

Bom dia.

Minha opinião:

1) Acho que sou a favor do cumprimento de pena de prisão apenas quando estiverem esgotados todos os recursos, embora restrições à liberdade possam ser impostas quando o réu não cessa a atividade criminosa.

2) Entretanto, e obviamente, sou contra o adiamento indefinido do fim do processo, dando ao crime oportunidade de prescrever.

3) O problema, para mim, está no trâmite lentíssimo dos ritos e na incapacidade de o sistema se defender de apelações desonestas.

4) Agilizando o andamento do processo, não haveria por que decretar-se a prematura prisão após a segunda instância, uma vez que os riscos de prescrição estariam minorados ou ausentes.

5) Do modo como está, com uma justiça lentíssima, qualquer decisão do Supremo será injusta. Se permitir a prisão, ofenderá a presunção de inocência. Se não a permitir, possibilitará a impunidade de muitos.

6) A verdadeira solução, porque enfrentaria o verdadeiro problema, seria agilizar o andamento do processo, pois em nome do direito de defesa não se pode facilitar a impunidade através do decurso de prazo.

7) Mas não me agrada a pena de prisão para crime não violento. Todo crime é uma violência contra a sociedade, eu sei, mas me refiro a crimes de violência física. Agradar-me-ia mais que o corrupto ativo, por exemplo, fosse punido com a perda da propriedade da sua empresa, que seria privatizada, saneada e depois cedida, em parte, aos seus funcionários e teria leiloada a outra parte. O corrupto seria condenado a trabalhar nela em todas as funções da cadeia produtiva. E teria que passar a viver com o resultado do seu trabalho honesto. (Filhos menores teriam que ser protegidos dos desmandos dos progenitores, de algum modo.)

Punir o desonesto o forçando a viver de um trabalho honesto me parece muito mais eficaz do que prendê-lo apenas.

E, na opinião de vocês, qual seria o melhor modo de corrigir a má conduta de um empresário ou governante condenado por corrupção?

P.S.: A princípio, sou simpático ao ministro Barroso. Acho Gilmar Mendes uma pessoa sem educação e sem preparo para o exercício de função pública tão complexa quanto a de ministro do Supremo. Não há um modo de ele ser retirado do STF? Legalmente, digo.

Em 24 de março de 2018

> ILUSTRAÇÃO:
>
> CHAMADA DE MATÉRIA NO JORNAL *O GLOBO*:
> *"Dono do site que amplificou notícias falsas sobre Marielle revela identidade e diz que atua para 'guerra política'."*

É incrível que a manipulação mais desavergonhada da verdade tenha o desplante de se apresentar como uma mera tática de guerra política. Essas pessoas não têm respeito algum pela verdade. Na opinião de vocês, colegas meus de infortúnio, o que leva alguém a crer que, somente porque a publicação é digital, crimes cometidos aqui não são crimes? Por que razão, aqui nessas terras sem nada, alguém acha que pode xingar, ofender, difamar e ficar impune?

Eu espero, do mais fundo do meu coração, que aquela desembargadora, este tal de Carlos, e todos aqueles que republicaram calúnias sobre a Marielle conheçam os limites da lei. São gente desprezível, que não merece participar do nosso futuro. São pessoas sem nenhum freio moral, que radicalizam as nossas diferenças e tornam o debate quase impossível. Devemos bani-los para o deserto da nossa indiferença!

Vejam o que o Facebook fez na campanha americana e na do Brexit! Atentemos ao perigo a que estamos expostos por conta da irresponsabilidade dos administradores dessas redes sociais. Assunto gravíssimo. Triste.

Em 29 de março de 2018

ILUSTRAÇÃO:

CHAMADA DE MATÉRIA NO *NEXO JORNAL*:

"Os defensores de bandidos: Todos os pré-candidatos à Presidência da República recriminaram a execução de Marielle Franco. Menos um."

Sugiro, com paixão, o artigo de Denis R. Burgierman, no *Nexo*. Não deixem de ler. Dá o verdadeiro nome dos defensores de bandidos nesse nosso Brasil.

Tiros, agora na caravana de Lula. Ameaças a ministros do Supremo. Policiais e bandidos — alguns, fardados — morrendo todos os dias. Sangue, sangue, sangue. A violência é um prazer delicioso para quem é violento. Tudo que os sádicos querem é um ambiente descontrolado onde a violência deles possa se fazer passar por um instrumento de ordenação, de apaziguamento. É assim que as ditaduras se justificam perante o povo.

Mas os regimes autoritários, com a sua aparência de jardins geométricos, são, na verdade, campo para o florescimento do sadismo. Apenas isso.

Graziella Moretto adora costurar colchas de retalhos. São lindas. Eu fico fascinado com o fascínio que ela tem pelos jogos de padrão das colchas de retalho. E, outro dia, me peguei divagando: uma nacionalidade é como uma colcha de retalhos, harmoniosa composição de diferenças.

Entretanto, todo projeto político pretende ser hegemônico. Não conheço força política organizada que se proponha a ser receptiva às outras, que se apresente sem certezas inabaláveis, que se ofereça a compartilhar a administração e não a possuí-la completamente.

Se todos nós pretendermos que as nossas visões de mundo reinem sobre todas as outras, nunca conheceremos a verdade da democracia, eu acho. Em uma fantasia simbólica, eu diria: vote em um candidato que pense diferente de você. Se todos fizermos assim, ao fim, estaremos todos representados na mesma.

Essa brincadeira talvez nos ajudasse a nos despirmos dos nossos delírios de hegemonia, tanto à esquerda quanto à direita, e nos fizesse ver o quão bonita pode ser uma colcha de retalhos.

Mas nenhuma harmonia existirá antes do dia em que a compreensão de que o trabalho e o capital têm o mesmo valor for aceita por todos. Enquanto alguns se acreditarem no direito de viver no luxo dos seus lucros imensos à custa de outros, que viverão no sacrifício da pobreza, não começaremos nada. Só na justiça social as diferenças entre as pessoas são suportáveis. Essa é a minha opinião.

Viva Geraldo Vandré, que fez um show em João Pessoa.

Em 29 de março de 2018

> ILUSTRAÇÃO:
> CHAMADA DE COLUNA NO JORNAL *O GLOBO:*
> *"O dia que inventou a noite."*

Sugiro o texto de Míriam Leitão. Simples, sincero e de uma verdade que dá vontade de viver!

O convívio constante com toda essa mentira internética e com a falação insistente daqueles que ambicionam chegar ao poder nos cansa e entedia. A verdade — como a que se encontra em Míriam Leitão — é um bálsamo que nos cura do desânimo que nos toma de tanto termos que lutar cotidianamente contra o falso.

Só a verdade salva, alguém já proclamou.

Leiam o texto. É uma boa maneira de comemorar a Páscoa. Afinal, ninguém mais do que o nosso querido Jesus tem sido vítima de más versões da vida que teve e daquilo que disse.

Do alto do meu agnosticismo, declaro todo o meu respeito pelo mistério.

Boa Páscoa.

Em 1º de abril de 2018

Eu compreendo que seja difícil distinguir a pessoa da empresa onde ela trabalha. Eu acho que a mentira e a verdade são parecidas, às vezes, e uma pode se passar pela outra, facilmente. Eu acho que o impedimento da Dilma foi um golpe de Estado dentro da legalidade. Nenhum dos políticos envolvidos nele o fez por amor ao Brasil, e sim para chegar ao poder. É o que eu acho. Mas eu acho também que o PT não foi honesto. Eu acho que nada é simples e que o bem e o mal, assim como a verdade e a mentira, coexistem muito próximos e embaralhados, por vezes. A manipulação da informação é odiosa e criminosa. Mas há gente que trabalha na grande imprensa — afinal, todos precisamos trabalhar em algum lugar — e escreve honestamente. Claro que o patrão nunca contrata quem pensa diametralmente diferente dele. Mas existe uma zona onde o atrito é pequeno e, até, necessariamente, tolerado. Não fosse assim e Frei Beto e José Eduardo Agualusa — entre outros — não escreveriam em *O Globo*. De Míriam Leitão eu não conheço muito, sinceramente. Mas o texto dela, que citei na publicação anterior, me parece impecável.

Minha opinião: houve um golpe de Estado trágico para o Brasil, mas também havia uma administração desonesta no poder. São duas tragédias concomitantes!

Encontrar a verdade exige esforço e dedicação intelectual. E eu acredito que ninguém tem o monopólio dela. Muito menos, eu! Para mim, a verdade se expressa num mosaico de discursos. Por isso eu gosto de ler o comentário e as sugestões de todos vocês. A sinfonia polifônica que soa quando ouço o que todo mundo diz é a verdade do Brasil para mim.

Confirmo a indicação do texto de Míriam Leitão. Principalmente para quem não tenha simpatia por ela. Nesse dia de Páscoa, um gesto de boa vontade agradaria o nosso amigo Jesus. São Paulo perseguia cristãos antes de se converter. Nem que seja pelo santo, tenhamos boa vontade com os adversários.

Em 3 de abril de 2018

Bom dia.

Eu não gosto da ideia de que nós estamos procurando um novo líder; "novas lideranças", como dizem, insistentemente, muitos políticos. Na minha opinião, nós devemos procurar por bons funcionários, capazes de executar as decisões que nós teremos tomado ao eleger os projetos coletivos do nosso gosto. Não são os políticos que nos devem fazer propostas. Nós é que devemos colocar as nossas propostas e, então, elegermos quem melhor as compreenda e com mais fidelidade se proponha a nos servir. É preciso que a gente assuma a liderança do processo político do país. Se o rei disse que o Estado era ele, chegou a hora do povo dizer que o Estado somos nós.

Qualquer líder tende a se mitificar, por vaidade pessoal, e também porque sabe que é isso que se espera dele. A ideia de um líder que conduz a nação é uma permanência do Estado religioso infiltrada no Estado laico. No Estado religioso, o líder está divinizado, uma vez que ele é o representante da vontade perfeita de Deus. Mas o líder no Estado laico é o representante — temporário — da vontade imperfeita dos homens. A nossa ansiedade em divinizá-los resulta de um desejo mal conhecido de transferirmos para o líder a nossa obrigação de sermos nós os nossos próprios líderes.

Por isso eu tenho dito: estou aguardando que se ofereçam candidatos que estejam procurando por um emprego — de preferência, porque precisam trabalhar — e não candidatos desejosos de poder. Quem deve chegar ao poder é o povo, e exercê-lo dando vez à sua multiplicidade de opiniões e modos de sentir.

Por exemplo: eu quero escolas públicas com tempo integral, professores hiperbem-pagos, esportes, ciências, artes, afazeres domésticos, línguas, religiões, Áfricas, Portugais, nações indígenas... Tudo! Eu quero uma escola pública que seja um paraíso na terra para todas as crianças! Se alguém concorda comigo, passemos a procurar um bom administrador que torne possível a nossa vontade.

Eu quero muitas coisas. Talvez, em lugar de procurarmos um líder, devêssemos tentar descobrir o que queremos.

Incutir em nós a necessidade de haver líderes atende ao anseio dos políticos de se divinizarem perante nós e, assim, se fazerem merecedores de oferendas.

Em 3 de abril de 2018

Tem dias que eu acordo intranquilo e fico ansioso por compartilhar minhas inquietações. E me valho dessa praia aqui, onde estamos todos fazendo terapia de família; só que não tem terapeuta.

Em um tribunal, o cidadão, queixoso ou réu, só pode falar se interrogado pelo juiz ou pelos advogados. Não temos o direito de nos defendermos com as nossas próprias palavras. Temos que nos fazer representar! Sou contra isso. Acho que todo mundo deve poder se pronunciar em sua própria defesa. Transformar a justiça em uma questão técnica de alta complexidade é, na minha opinião, apenas um modo de afastar a pessoa comum do entendimento das leis.

E acho também que todo tribunal deveria ser composto de pessoas comuns, além de juízes. Decidir a correta aplicação da lei é poder demais para ficar todo na mão de uma única classe profissional, a dos advogados.

Sei que é uma ideia aparentemente inviável, mas... Talvez não seja.

Exercer o poder deve ser uma ação concreta e não um mero desejo. Se queremos o poder, teremos que aceitar exercê-lo de fato.

Minha opinião. O que acham?

Em 3 de abril de 2018

TRANSCRIÇÃO DE VÍDEO:

"Boa tarde. Hoje acordei mesmo inquieto. Olha, uma outra coisa que me ocorre: será que nós precisamos de uma Assembleia, das Câmaras, do Congresso trabalhando o ano inteiro? Será que os políticos não poderiam fazer o trabalho deles apenas em um ou dois meses? E aí, depois, fazia-se um recesso de uns seis meses, iam todos trabalhar nas profissões que têm e voltavam para legislar o que ainda fosse preciso? Será que a gente precisa dessa estrutura inteira trabalhando initerruptamente, fazendo e refazendo leis o tempo todo? Eu tenho a impressão de que 80% do tempo dos políticos é gasto em não fazer nada, absolutamente nada. A gente poderia pensar em mudar isso. O que acham?"

Em 4 de abril de 2018

Bom dia. Eu escolhi essa música como a mais linda do mundo para o dia de hoje. Chama-se *Porta-estandarte*, é de Geraldo Vandré. E você? Que música seria a mais linda do mundo para o dia de hoje? Me diga qual seria. Pretendo passar a tarde ouvindo música — enquanto lavo e passo roupa — e adoraria adicionar a sua escolha à minha playlist.

Obrigado.

Sugestão de leitura:

1) Luís Eduardo Soares, no jornal *GGN*, de hoje
2) Fernando Henrique Cardoso, publicado ontem no *El País Brasil*, sob o título "Civilização ou barbárie".

Dois pensadores que eu respeito, distantes politicamente, preocupados com o mesmo perigo do momento. E eu concordo com eles. O fascismo dobrou a esquina e avança a passos largos sobre a nossa democracia.

Como tenho tentado dizer, ao dominarem o Estado e controlarem a máquina repressiva na qual a estrutura administrativa pode se converter, os políticos nos aprisionaram no mundo deles. O futuro do Brasil, na minha opinião, não surgirá no confronto político partidário. O futuro surgirá nas transformações que nós empreendermos na nossa vida cotidiana, na democratização da nossa vida íntima, familiar, social, profissional e, só então, política. Ainda hoje sentiremos fome e sono e nossos filhos chegarão da escola pedindo a nossa atenção.

Seja qual for a decisão de STF* — onde seria muito bom se algumas pessoas comuns votassem também —, o mundo não vai se acabar.

Deixo claro:

- Votei no PT todas as vezes;
- me horrorizo com os desmandos que o PT cometeu;
- entretanto, considero os inimigos do PT ainda piores do que ele.
- Assim, penso que o PT é o menor dos males e o melhor dos erros que eu cometi.
- O PT não foi tudo o que eu sonhei, mas foi muito mais do que teriam sido as outras opções.
- O futuro não surgirá do PT. O futuro, na minha opinião, está à esquerda do PT, em um socialismo ecológico feminista plural e não estatal. É onde eu tento me situar.
- Eu desisti de qualquer hegemonia. Me dedico hoje ao convívio das diferenças.
- Quanto à lei, deve ser cumprida, mesmo que eu a considere imperfeita.
- Quanto à justiça, que alcance todos; inclusive os juízes que se regalam com benesses indevidas.
- Quanto a Lula: tristeza por ele, por mim.

---

* O Supremo Tribunal Federal julgava nesse dia um pedido de *habeas corpus* para Luiz Inácio Lula da Silva. Caso fosse negado — como veio a ser —, Lula poderia ser preso a qualquer momento.

*Dos primeiros meses do governo ilegítimo de Temer até
as vésperas do julgamento de Lula na segunda instância*

6 de setembro de 2016 a 23 de janeiro de 2018

Capítulo 1

Descobrindo o Instagram e o Brasil atual através dele

Em 6 de setembro de 2016

> TRANSCRIÇÃO DE VÍDEO:
>
> *"Alô, pessoal. A minha filha Maria me obrigou a ter uma conta de Instagram. Eu, para ser sincero, ainda não sei para o que é que serve uma conta de Instagram. Parece que eu vou ter que publicar umas fotos de algumas coisas que acontecem comigo... Pratos que eu como, ginásticas que eu faço... Enfim, esse tipo de coisa superinteressante. E, de vez em quando, falar também do meu trabalho, do teatro, onde eu estou, o que é que eu tô fazendo... Ela vai me ajudar porque, vocês sabem, eu não nasci para isso. Vamos em frente. Sigam-me."*

Em 6 de setembro de 2016

TRANSCRIÇÃO DE VÍDEO:
"Oi, pessoal do Instagram. A minha filha Maria disse que eu tinha que usar o Instagram para ficar famoso. E que eu ia ficar famoso rápido.
Já estou famoso?"

Em 7 de setembro de 2016

Um amigo da minha filha Maria definiu o Instagram pra mim: "O Instagram é um paparazzo particular." Concordei.

Em 29 de janeiro de 2017

Dica: o filme *O baile*, de Ettore Scola. Vale a pena assistir. Bom para quem fala muito.

Em 4 de março de 2017

TRANSCRIÇÃO DE VÍDEO:
COM DEPOIMENTO DE LENINE AO PROGRAMA DE
RÁDIO *Morning Show*:

"Primeiro, eu não acredito mais em esquerda e direita. Eu acredito no homem. E toda vez, quando tem uma sigla por trás, eu desconfio deste homem. Então, para mim, não existe mais direita e esquerda. Dito isso, eu tenho que dizer que, com a direita, eu não me senti traído. Eu sei qual era a regra do jogo. Na hora em que uma esquerda sobe ao poder sob a égide de 'vamos mudar' e faz a mesma coisa, entra nessa equação um sentimento de traição imperdoável. Para mim, é imperdoável. A possibilidade histórica que se teve para realmente pender a balança para um lado mais humanista como nós somos... Isso acabou, Edgar. A coisa está tão entranhada que está nos três poderes. É mais do que 90% dos três poderes. Não tem outro jeito, tem que ter uma fratura exposta mesmo."

É preciso ouvir e refletir sobre as palavras de Lenine. O nosso. O Russo também, mas antes, o nosso.

Em 4 de março de 2017

> ILUSTRAÇÃO:
> UMA FOTO DO MAR.

A vista. A propósito da publicação sobre o que disse Lenine, sugiro que se procure ouvir a íntegra da entrevista. Nesses nossos dias, a reprodução parcial de opiniões, produzindo síntese da síntese da síntese, tende a empobrecer a conversa e favorecer precipitadas respostas. O que disse Lenine merece ser ouvido na íntegra para que a sua visão seja bem compreendida. A bem dizer, todo mundo merece ser ouvido na íntegra.

Em 15 de abril de 2017

ILUSTRAÇÃO:
FOTO DE UM HIBISCO FLORIDO.

Peço desculpas aos meus seguidores por publicar tantas fotos banais de flores. Mas, uma vez que este lugar aqui, pelo que eu entendi até agora, serve para toda a gente se dar a conhecer uns aos outros, o meu momento é esse. O mundo se acabando ("em pleno domingo de carnaval") e eu fascinado com a beleza que cresce de graça no meu jardim.

Tem que pagar pelo jardim, alguém deve ter pensado junto comigo. E é verdade. Mas as flores...

Em 29 de abril de 2017

> ILUSTRAÇÃO:
> FOTO DE UM PÉ DE BUGANVÍLIA.

Flores numa hora dessas... impossível não lembrar: "Para não dizer que não falei das flores."

Em 21 de maio de 2017

Uma sugestão: as empresas dos milionários corruptos deveriam ser estatizadas, saneadas e, então, privatizadas novamente. Mas dirão que não é factível, faltam leis... Pode ser, mas depor o rei também já pareceu impossível e, no entanto, um dia o rei perdeu a cabeça.

Em 31 de maio de 2017

Cortei o gramado. É a quarta vez que me dedico a essa tarefa. Levei seis horas na empreitada. Cuidar do jardim dá trabalho. Mas ficou ótimo!

Em 1º de junho de 2017

> ILUSTRAÇÃO:
> CAPA DO LIVRO *TERRA SONÂMBULA*,
> DE MIA COUTO.

Uma dica de leitura. O livro já é famoso; eu é que só estou lendo agora. E estou adorando. Para nós, brasileiros, é bom ouvir uma voz africana. Somos parentes.

Em 3 de junho de 2017

> ILUSTRAÇÃO:
> CHAMADA DE MATÉRIA NO JORNAL
> *THE GUARDIAN:*
> *"Operation Car Wash: Is this the biggest corruption scandal in history?"* *

Boa leitura no *The Guardian*. Fica a sugestão.

---

* "Operação Lava-Jato: seria este o maior escândalo de corrupção da história?"

Em 11 de junho de 2017

> **ILUSTRAÇÃO:**
> **FOTO DE CIPRESTES.**

Plantei, sozinho, seis ciprestes. Uma experiência inesquecível para o espírito, certamente; mas, sobretudo, para o corpo! Devemos dar um valor sagrado ao trabalho, né?

Em 8 de julho de 2017

> ILUSTRAÇÃO:
> CAPA DO LIVRO *A SOCIEDADE DOS SONHADORES INVOLUNTÁRIOS*, DE JOSÉ EDUARDO AGUALUSA.

Outro autor africano. Leitura deliciosa. Novidade só para mim. É um escritor consagrado. Estou adorando! Fica a dica.

Em 12 de julho de 2017

A aprovação dessa reforma trabalhista, nesse momento, por um governo e um Congresso crivados de denúncias de corrupção, com a economia fragilizada e o desemprego aumentando, é uma agressão ao povo brasileiro. Precisamos de uma reforma trabalhista, mas outra. Uma que dê força ao trabalho frente ao capital; e não esta, que promove o oposto. Essa é a minha opinião. Acho que a classe política é, na sua totalidade, responsável pelo caos que estamos vivendo. Se eu fosse todos nós, não votaria em nenhum político profissional nas próximas eleições. Nem em nenhuma celebridade!

É preciso que algo novo aconteça!

Desculpem acordar com tantas palavras, mas a sensação de impotência nos leva a querer falar!

Essa lei é um crime!

Em 18 de julho de 2017

A colega perguntou se eu li, na íntegra, a nova lei trabalhista. Pergunta oportuna. Quem emite opinião deve conhecer o assunto, é o que se espera.

Minha revolta contra a lei poderia ser detalhada, mas esse meio aqui, com esse teclado de telefone, não favorece textos longos. Mas basta dizer que a terceirização da atividade básica das empresas jogará mais um encargo sobre o trabalhador, pois o trabalho dele, agora, sustentará duas empresas no lugar de uma. Sei que o peso tributário sobre o salário é gigantesco no Brasil e termina por inibir a contratação. Mas não se desonerou o salário! A tributação foi transferida para a empresa que oferecerá a mão de obra.

Políticos nunca diminuem tributos. A não ser quando são pagos por fora, ao que parece.

Há muito mais o que dizer contra a lei, mas aqui não tenho como fazê-lo. E a desonestidade desse Congresso já me bastaria para rejeitar toda e qualquer iniciativa vinda dele. Estes deputados elegeram como seu líder Eduardo Cunha. Só por essa razão, já deveriam todos perder o mandato. Ou vão querer me dizer que nem desconfiavam dos crimes que ele agora negocia confessar?

Difícil acreditar que estas mesmas pessoas façam alguma coisa por amor ao país. Não creio.

Trabalhei 35 anos em uma grande empresa. Conheço o sabor e o dissabor de ganhar um salário, e as tensões da relação trabalhista.

Não, eu não li a lei. O que sei dela foi de ler a notícia nos jornais. Alguns jornais.

Agradeço a honestidade da pergunta. E reitero: precisamos de uma nova lei trabalhista, sem dúvida! Mas uma lei nova! Esta que aí está é o aperfeiçoamento da velha; é a velha adaptada ao momento. Atende à concentração de renda, que é característica da nossa história. Não trará nada de bom.

Minha opinião. Bom dia, pessoal.

Em 18 de julho de 2017

> ILUSTRAÇÃO:
> CHAMADA DE MATÉRIA NO JORNAL
> *THE GUARDIAN*:
> *"'We warn each other': how casting-couch*
> *culture endures in Hollywood."**

Sugiro a leitura deste artigo. Quando falei do assunto, faz quase dez anos, pareceu para alguns uma excentricidade minha. Nunca foi. Foi sempre uma denúncia. Há muito a ser revelado sobre esse tipo de agressão aqui no Brasil. Alguma coisa já veio à tona, mas há muito mais. E não são pessoas famosas que irão falar; mas sim quem teve a carreira interrompida por ter enfrentado o abuso. Está no artigo.

---

* "'Nós avisamos umas às outras': como a cultura do 'teste do sofá' persiste em Hollywood."

Em 4 de agosto de 2017

ILUSTRAÇÃO:
CAPA DO LIVRO *JESUSALÉM*, DE MIA COUTO

Acredito que para nós, brasileiros, é muito educativo ler autores africanos, principalmente os que escrevem na nossa língua. Esse livro do Mia Couto é uma beleza! Recomendo a leitura. O Brasil, talvez, não se explique sozinho. Há muita África em nós!

Em 12 de setembro de 2017

> ILUSTRAÇÃO:
> CAPA DO LIVRO *AUTOIMPERIALISMO*,
> DE BENJAMIN MOSER.

Li com grande interesse. Recomendo. É muito bom ler um livro que nos diz algo que nunca nos tinha passado pela cabeça antes. Viva a diferença e a novidade.

Em 22 de setembro de 2017

> ILUSTRAÇÃO:
> CAPA DO LIVRO *A LÍNGUA DE EULÁLIA*,
> DE MARCOS BAGNO.

Sugiro a leitura deste maravilhoso livro de Marcos Bagno. Reflexão interessantíssima sobre a brasilidade e o preconceito contra ela. Mesmo bom!

Em 27 de outubro de 2017

Por ocasião da bronca que Luís Roberto Barroso, funcionário nosso lotado no STF, deu em seu colega de trabalho, Gilmar Mendes.

"Me deixa de fora desse seu mau sentimento. Você é uma pessoa horrível. Uma mistura do mal com o atraso e pitadas de psicopatia. Isso não tem nada a ver com o que está sendo julgado. É um absurdo Vossa Excelência aqui fazer um comício cheio de ofensas, grosserias... Vossa Excelência não consegue articular um argumento. Fica procurando. Já ofendeu a presidente, já ofendeu o ministro Fux, agora chegou a mim. A vida para Vossa Excelência é ofender as pessoas. Não tem nenhuma ideia. Nenhuma, nenhuma! Só ofende as pessoas. Ofende as pessoas. Qual é sua ideia? Qual é a sua proposta? Nenhuma! É biles, ódio, mau sentimento, mal secreto... É uma coisa horrível. Vossa Excelência não se envergonha. Vossa Excelência é uma desonra para o tribunal."

Roberto Barroso

Meu apoio total ao ministro Barroso. Eu acho Gilmar Mendes um homem inapropriado para o serviço público. Ele é um mau funcionário do povo. Faltam-lhe educação e serenidade. As palavras ditas a ele pelo ministro Barroso foram muito bem escolhidas. Mais uma vez fica evidente: o povo brasileiro não está no poder!

Em 7 de novembro de 2017

> ILUSTRAÇÃO:
> FOTO DA AGENDA DE LANÇAMENTO DE
> *O LIVRO DOS TÍTULOS*, ESCRITO POR MIM.

Divulgação — link patrocinado por mim mesmo.

Colegas, parto por aí levando comigo O *livro dos títulos*. Esclarecimento: eu não quis fazer lançamento tradicional — com convidados, cocktails, revistas mundanas e filas para autógrafo. Preferi me sentar por um par de horas e oferecer um autógrafo para quem o acaso conduzir até a livraria. Mas, por insistência — generosa e sábia — do editor, publico os locais e horários onde estarei. Começo por São Paulo. Fim do informe publicitário. Bom dia, pessoal.

Em 4 de dezembro de 2017

> ILUSTRAÇÃO:
> CAPA DO LIVRO *E SE OBAMA FOSSE AFRICANO?*, DE MIA COUTO.

Eu estou adorando ler Mia Couto e outros autores africanos que escrevem em português. Nós, no Brasil, deveríamos estudar na escola a história das muitas Áfricas que existem. É impossível compreender o Brasil sem conhecer o continente africano, eu acho. Nesse momento de tanta confusão, a gente sendo jogado para lá e para cá, num empurra-empurra de interesses que mal conseguimos identificar, ler a África que também sofreu colonização portuguesa tem sido uma grande alegria.

Desculpem insistir, mas recomendo com entusiasmo: José Eduardo Agualusa, Pepetela, Mia Couto e outros que ainda vou descobrir. Boa noite, pessoal.

Em 10 de dezembro de 2017

"Sempre me causou eterna surpresa a dificuldade que toda pessoa tem com a ação, aparentemente tão simples, de escutar. Este momento da vida em que estaríamos atentos ao outro e no qual, supostamente, conheceríamos algo que não nasceu em nós e que, portanto, nos enriqueceria, parece nos roubar um tempo de sermos nós mesmos; como se escutar implicasse na perda da nossa identidade.

Pois bem, eu acho que ler é semelhante a escutar. E a dificuldade de fazer uma coisa é a mesma de fazer a outra. Também para ler é preciso silenciar e nos dedicarmos a receber o pensamento de um outro.

Mas se há semelhança entre ler e escutar, a diferença, por pequena que seja, é significativa. Na escuta, o ouvinte recebe a mensagem pela voz do dono da fala, enquanto, na leitura, a fala torna-se audível pela voz de quem lê. Cada pessoa escuta o que lê com a sua própria voz.

A leitura é um modo sofisticado de escuta, uma vez que nela o leitor experimenta dizer a fala de um outro e assim termina por conhecer o pensamento do outro com a intimidade de quem diz, e não com estranheza de quem escuta. Esse modo de habitar o pensamento de um outro é próprio da leitura e o benefício que ela nos traz é fruto dessa peculiaridade do ato de ler."

Abade Pietro Camminatore del Montalcino.

Em minhas leituras durante a confecção do meu *O livro dos títulos,* encontrei esse texto escrito no século XV. Achei tão interessante. Gostaria de compartilhar com vocês.*

Bom fim de domingo.

---

* Em verdade, fui eu mesmo que escrevi o texto que digo ser do abade para compor a história de *O livro dos títulos.*

Em 14 de dezembro de 2017

Haverá quem discorde de mim, certamente, e eu estarei sempre disposto a ouvir os argumentos do contraditório, mas é difícil não gritar a revolta que sinto contra o desmando que se instalou no Brasil e que, no meu entendimento, se agravou com a chegada ao poder da atual administração.* Tudo que esse governo faz, eu acho que terá que ser desfeito no futuro. E agora, essa isenção fiscal para a exploração do petróleo? Que absurdo! Essa gente não se cansa de destruir o país? O que faremos nós para nos protegermos dessa corja que permanece agarrada ao poder, sejam situação ou oposição? A pergunta não é retórica. Eu estou mesmo indignado e perplexo, como acredito que muitos brasileiros estão. "Como é difícil acordar calado / Se na calada da noite eu me dano / Quero lançar um grito desumano / Que é uma maneira de ser escutado." Estes versos são da música "Cálice", de Chico Buarque de Hollanda e Gilberto Gil.

Eu escrevi *O livro dos títulos* porque preciso trabalhar — e viver do meu trabalho — e porque me sentia condenado ao silêncio depois do término de *A grande família*. O livro é o meu grito desumano contra a destruição do Brasil, além de ser também, como tudo que fazemos, um modo de chamar a atenção para mim — no bom sentido —, um modo

---

* Refiro-me ao governo de Michel Temer.

de me expressar. Todo mundo quer dizer o que pensa e todo mundo deve ser ouvido! Não é?

Ontem estreou o show de Chico Buarque de Hollanda; Caetano, Moreno, Zeca e Tom Veloso continuam em turnê; Marisa Monte e Paulinho da Viola têm feito shows juntos; o grupo de teatro Tá na Rua permanece funcionando. E muitas outras ações culturalmente poderosas estão acontecendo no Brasil. Eu acho uma glória para nós que esses artistas — e outros — estejam atuantes nessa hora. Assim como glorioso também é que artistas de todas as outras profissões se mantenham ativos todos os dias, lutando contra o caos que se insinua. Louvemos o nosso melhor! Só assim teremos alguma razão para nos desejarmos Feliz Natal e um bom Ano Novo. Falando nisso: Feliz Natal, pessoal.

Em 15 de dezembro de 2017

O que é Instagram?

Em 19 de dezembro de 2017

TRANSCRIÇÃO DE VÍDEO:

"Bom dia, pessoal. Olha, eu estou adorando essa conversa aqui sobre o Instagram. Li quase todas as respostas. Achei tudo superinteressante... É uma coisa realmente bacana de conhecer, o pensamento de outra pessoa, né?

E eu queria ler aqui uma resposta que me mandaram. É do Robério César, que eu achei muito interessante. Ele fala assim:

'Instagram é uma forma de estar no mundo sem estar; de se sentir importante sem ser, é não ser ninguém e se isolar num mundo irreal onde se busca o inevitável esquecimento. Isso para pessoas como eu que existo na vida real, mas sou um estúpido aqui.'

Eu achei a resposta do Robério muito bacana. Se vocês acharem legal, eu gostaria de ler algumas outras. Bom dia, aí. Vamos nos falando. Abraço."

Pessoal, eu adorei ler tudo que falaram aqui sobre Instagram. Adorei mesmo! Acho que li tudo, ou quase tudo. Tentei marcar todos os posts porque gostei de ter recebido todos. Muita coisa me ocorreu a partir do que ouvi. Assunto grande e interessante. Vamos nos falando. (Agora, como a gente fica velho nessas câmeras de telefone, né? Ninguém merece!)

Em 20 de dezembro de 2017

TRANSCRIÇÃO DE VÍDEO:

"Bom dia. Eu queria ler para vocês os dois primeiros parágrafos de Vidas secas, *de Graciliano Ramos:*

'Na planície avermelhada, os juazeiros alargavam duas manchas verdes. Os infelizes tinham caminhado o dia inteiro, estavam cansados e famintos. Ordinariamente andavam pouco, mas como haviam repousado bastante na areia do rio seco, a viagem progredira bem três léguas. Fazia horas que procuravam uma sombra. A folhagem dos juazeiros apareceu longe, através dos galhos pelados da catinga rala.

Arrastaram-se para lá, devagar, sinha Vitória com o filho mais novo escanchado no quarto e o baú de folha na cabeça, Fabiano sombrio, cambaio, o aió a tiracolo, a cuia pendurada numa correia presa ao cinturão, a espingarda de pederneira no ombro. O menino mais velho e a cachorra Baleia iam atrás.'"

Quando assistimos a televisão ou cinema, ou diante de um quadro ou de uma escultura, recebemos uma informação (quase) completa. Aquela obra de arte nos mostra tudo o que ela é. Claro que ela atinge cada pessoa de um modo e a subjetividade de cada um verá na obra o que quiser.

Mas quando lemos um livro, as palavras não nos dizem tudo. Precisamos construir com a nossa imaginação a fisicalidade dos cenários, dos personagens e das ações que estão sendo descritas.

É isso que eu gosto na literatura. Ela é uma obra de arte que só se completa com a fantasia do leitor.

Cada pessoa produzirá uma imagem distinta para o trecho que li. Cada leitor, desse modo, reescreve o livro que lê, e nisso reside uma enorme liberdade.

P.S.: Eu adoro cinema, TV, pintura etc., mas por outras razões. Bom dia.

25 de dezembro de 2017

> ILUSTRAÇÃO:
> FOTO MINHA COM LUÍS FERNANDO
> GUIMARÃES, ATUANDO EM UMA CENA DO
> PROGRAMA DE TELEVISÃO *A VIDA AO VIVO*.

Nessa época de Natal a gente fica emotivo, né? Eu, hoje, estou. Desejoso de dizer verdades afetivas.

Devo a minha vida profissional a algumas pessoas: a Felipe Pinheiro, meu parceiro brilhante de tantos trabalhos; a Amir Haddad, meu mestre absoluto; a Domingos Oliveira, o escritor mais exímio; a Graziella Moretto, influência intelectual revolucionária, e outros, alguns outros.

Mas hoje acordei com saudade de Luís Fernando Guimarães.

Foi com o Luís que eu aprendi que o ator nunca deve abdicar da sua autoria diante de uma câmera de televisão; que o personagem não conhece nunca o seu próprio pecado; que o artista é igual ao seu público; e muito mais!

Devo ao Luís as minhas melhores lembranças em TV: no programa *A vida ao vivo*.

Tenho por ele uma admiração e amizade que não cabem no meu peito. Luís foi generoso comigo nessa vida e isso não é coisa muito comum de acontecer.

Contracenar com ele é como jogar futebol com o Pelé. Em meus momentos de nostalgia, o que tenho vontade é de me sentar novamente à bancada do *A vida ao vivo* e deixar a bola rolar. Luís Fernando está para a arte de representar como João Gilberto está para o samba: cada qual no seu quintal, inventou uma bossa nova.

Feliz Natal, Luís.

Em 26 de dezembro de 2017

> TRANSCRIÇÃO DE VÍDEO:
>
> "'Como era bom o tempo em que Marx explicava o mundo / tudo era luta de classes / como era simples / o tempo em que Freud explicava / que Édipo tudo explicava / tudo era clarinho limpinho explicadinho / tudo muito mais asséptico / do que era quando eu nasci / hoje rodado sambado pirado / descobri que é preciso / aprender a nascer todo dia.'
>
> "Esse é o poema que eu escolhi como epígrafe para O livro dos títulos. É um poema do Chacal. Um dos poetas que eu mais adoro da língua portuguesa. Um poeta mesmo maravilhoso. E eu escolhi esse poema porque achei ele muito oportuno para esse momento que o Brasil está atravessando. Um momento em que tudo — tudo! — ficou velho, de repente. E que a gente, realmente, precisa imaginar como é que a gente vai renascer de nós mesmos."

Se me perguntarem quais são as minhas maiores influências, eu direi que são Marx e Freud, e tudo o que deles derivou, em concordância ou desacordo.

Mas há uma terceira força que me formou e ainda me forma: A música popular brasileira. Sou um produto da MPB, estética e eticamente. E ainda hoje — sobretudo hoje! — eu acredito que a novidade para o Brasil — pela qual eu tanto anseio — pode ser vislumbrada no que nos oferece a obra atual de Chico Buarque de Hollanda, Milton Nascimento, Paulinho da Viola e o show arrebatador de Caetano Veloso e seus filhos. E além destes que citei, creio na força de tudo o mais que, pertencendo a gerações posteriores, segue construindo a mesma identidade; sempre na diversidade.

E, muito próximo à MPB, floresce uma geração de poetas cuja contribuição para nós é também imensa. Entre eles, encontra-se o Chacal, o autor do poema que eu digo no vídeo.

A nossa música, com todos os seus ritmos e estilos, é, na minha opinião, uma dessas coisas que nos identifica como brasileiros. Minha opinião. Boa tarde.

Em 2 de janeiro de 2018

Somos 200 milhões de brasileiros. Aqui, somos uns 42 mil Instagramistas. Qual força têm as redes sociais? Será que elas nos dão voz ou usam a voz que nos dão para concentrarem poder na mão dos seus pouquíssimos donos?

Cora Rónai escreveu ótimo artigo sobre esse assunto em *O Globo* de hoje. Sugiro a leitura.

Feliz 2019.

Em 3 de janeiro de 2018

1) Eu aprendi com meu irmão mais velho a gostar de música clássica. Ele me fazia prestar atenção na linha melódica de cada instrumento e, assim, apreciar o modo como se harmonizavam.

2) Aprendi com Gringo Cardia a apreciar as artes plásticas, sobretudo, a mais contemporânea e aquela que se esconde, imperceptível, nas banalidades cotidianas.

3) Aprendi com Ricardo Bandeira a beleza geométrica do balé em sua relação com o ritmo da música.

4) Aprendi com Tim Rescala a gostar de música eletroacústica e que nem toda música é feita de notas musicais.

5) Aprendi com Lúcio Mauro Filho a gostar de funk e outras músicas que iam longe dos meus ouvidos.

6) Aprendi com Cao — prestem homenagens, pois ele é o criador dos figurinos do Agostinho! — a beleza que pode haver na moda e seu significado.

7) Aprendi com Graziella Moretto que há um mundo inteiro escondido por trás do sexismo que eu nem ao menos conhecia.

8) Aprendi com o meu pai a gostar de aprender e que todo assunto é interessante, e que para aprender é necessário antes conhecer a própria ignorância. Lições preciosas de autoajuda paterna.

9) Aprendi com Amir Haddad que "não se trata de todo artista ser operário, mas sim de todo operário ser artista". Toda pessoa é importante.

10) E aprendo agora, com vocês, o que é que estamos fazendo aqui, nessa praia sem mar nem areia, onde não vende água de coco, e o sol nunca se põe nem se levanta. Espero, em breve, poder dizer alguma coisa sobre essa experiência aqui, nesse deserto imaterial; povoado apenas pelas imagens das nossas conversas.

Até lá, agradeço imensamente a paciência para com os meus textos sem fim e as minhas dúvidas com menos fim ainda. Acho que eu gosto de me manter na idade dos porquês.

Por hora...

P.S.: Alguns colegas têm me pedido que eu faça sugestão de livros. Bem, *O livro dos títulos* traz no seu bojo uma coleção de sugestões — faço aqui meu merchandising.

Em se tratando do assunto mídias sociais/liberdade, acho fundamental lermos *1984*, de George Orwell. É a dica óbvia, mas o óbvio pode, às vezes, estar oculto, como já nos disse o sonho do poeta.

E vocês, amigos? Qual é o livro — ou música ou pintura ou pessoa — que vocês me sugeririam?

Bom dia.

Em 8 de janeiro de 2018

Bom dia. Agradeço a todo mundo que tem mandado sugestões de leitura, músicas, pessoas... São tantas! Quase mil! Me delicio lendo! Virou o Instagram dos títulos, tal qual o livro.

Sobre o Instagram, aliás, há também muito o que falarmos! O assunto rendeu! Acho da maior relevância. Eu fico tentando concentrar em uma única resposta as minhas impressões; tento uma síntese que respondesse a todo mundo de uma só vez. Mas acho que não será possível porque — entre outras coisas — cada pessoa merece uma resposta individual! Eu acho que sim, merece, pois acredito que a verdade é produto da interação do diálogo. A verdade é, portanto, circunstancial, momentânea e coautoral. Mas... são conversas difíceis nessa praia imaterial aqui. Não faz mal. Faremos o que for possível aqui no Insta. Prometo voltar ao assunto em breve.

Em 9 de janeiro de 2018

ILUSTRAÇÃO:

REPUBLICAÇÃO DE TRECHO DO AGRADECIMENTO
DE OPRAH WINFREY NA PREMIAÇÃO DO
GLOBO DE OURO:

"(...) And there's someone else, Recy Taylor, a name I know and I think you should know, too. In 1944, Recy Taylor was a young wife and mother walking home from a church service she'd attended in Abbeville, Alabama, when she was abducted by six armed white men, raped, and left blindfolded by the side of the road coming home from church. They threatened to kill her if she ever told anyone, but her story was reported to the NAACP where a young worker by the name of Rosa Parks became the lead investigator on her case and together they sought justice. But justice wasn't an option in the era of Jim Crow. The men who tried to destroy her were never persecuted. Recy Taylor died ten days ago, just shy of her 98th birthday. She lived as we all have lived, too many years in a culture broken by brutally powerful men. For too long, women have not been

> *heard or believed if they dare speak the truth to the power of those men. But their time is up. Their time is up. (...)"**

Eu fiz companhia a Graziella Moretto na escrita e na realização do espetáculo *O homem primitivo*, cujo assunto era a opressão sexista. O tema me foi trazido por ela, a sugestão de mensagem que a peça transmitia veio dela, o humor e a sagacidade também têm origem nela. Estou ali perfeitamente integrado e representado pela inspiração dela.

Tenho quatro filhas no coração. É razão mais do que bastante para que a opressão sexista seja assunto de minha preocupação diária.

É assunto vasto, complexo... Entre a paquera e o assédio há enorme diferença, ainda que sutil, por vezes. Entre o consensual e o forçosamente concedido há também enorme diferença, ainda que se possa forjar — ou mesmo haver — alguma falsa indistinção entre uma coisa e outra.

Enfim... O assunto é imenso. Diz respeito a nossa intimidade e a nossa afetividade e, portanto, a nossa vida em comum.

A peça tratava de alguns aspectos. Há ainda muito o que falarmos sobre tudo isso. Mas antes que qualquer coisa seja dita, é fundamental que as agressões sexistas — domésticas e no trabalho! — sofram irredutível combate.

Está muito mais bem dito pela Oprah Winfrey — e por um grupo enorme de outras mulheres aqui no Brasil também — do que jamais estará por mim. Confiram o vídeo! Principalmente, os homens! Ainda mais, principalmente, os que estão em posição de poder econômico.

---

* "E tem mais alguém, Recy Taylor, um nome que conheço e acho que vocês deveriam conhecer também. Em 1944, Recy Taylor era uma jovem mãe e esposa voltando para casa após o culto que frequentava em Abbeville, Alabama, quando foi sequestrada por seis homens brancos armados, estuprada e abandonada com uma venda sobre os olhos na beira da estrada. Eles ameaçaram matá-la caso ela contasse o que aconteceu para alguém, mas seu caso foi denunciado à NAACP [Associação Nacional para o Progresso de Pessoas de Cor], onde uma jovem de nome Rosa Parks liderou a investigação da ocorrência, e juntas elas buscaram justiça. Mas a justiça não era uma possibilidade na época de Jim Crow. Os homens que tentaram destruí-la nunca foram condenados. Recy Taylor morreu há dez dias, perto de seu aniversário de 98 anos. Viveu como todas vivemos, anos demais em uma cultura destruída por homens brutalmente poderosos. Por tempo demais, as mulheres foram silenciadas ou desacreditadas se ousassem falar a verdade sobre o poder desses homens. Mas esse tempo acabou. Esse tempo acabou."

Em 19 de janeiro de 2018

> ILUSTRAÇÃO:
> CAPA DO LIVRO *PERSÉPOLIS*, DE
> MARJANE SATRAPI.

Sugestão de leitura! Quem não leu, não deixe de ler.

Graziella Moretto, que foi quem me deu este livro, me fez ver que ao citar as pessoas com quem aprendi coisas importantes para mim, não mencionei muitas mulheres. E é verdade. O sexismo está mesmo presente em tudo e o maior medo de um homem, na minha opinião, é o poder intelectual de uma mulher.

Então:

1) Aprendi com Regina Casé que o Brasil é um país legal e que mais vale comemorar o lado bom do que ficar reclamando do lado ruim.
2) Aprendi com Fernanda Montenegro tudo sobre teatro!
3) Aprendi com Marguerite Duras a escrever com poucas palavras e frases simples — na verdade, estou aprendendo ainda.
4) Aprendi com Bia, minha madrinha, a rezar o Pai-Nosso.
5) Devo a um grupo enorme de professoras eu ser capaz de ler e escrever. Levei dois anos para ser alfabetizado e muitos outros

escrevendo tudo errado. Foram muitas as professoras — sempre mulheres — que tiveram enorme paciência e dedicação a mim. Não tenho como agradecer. Agora mesmo, aprendi com Renata Pettengill o lugar certo dos pronomes e algumas regências, além de outras sabedorias editoriais.

6) Aprendi com Frida Kahlo a não perdoar a dor.

7) Aprendi com minha avó materna a apreciar a música deslumbrante de Geraldo Vandré.

8) Aprendi com minha avó paterna a gostar de mim mesmo.

9) Aprendi com tantas mulheres que trabalharam na casa de meus pais uma infinidade de sambas, muito sobre candomblé, a fazer arroz e a passar um bife.

10) Aprendi, recentemente, com Graziella Moretto, que eu não sabia nada! E ainda faltaria falar de Clarice Lispector, Hannah Arendt, Marguerite Yourcenar, e tantas outras.

E mais todas as minhas colegas de profissão com quem dividi a cena! E o que aprendo com minhas filhas!

Como se vê, a lista das mulheres que me formaram — e continuam a me formar — é imensa. Eu apenas não reconhecia em mim a influência delas. Sexismo poderoso atuando sobre todos nós.

Sou um homem sendo reeducado. Mas felicíssimo de aprender! Sinto-me liberto!

Boa noite. Vou para o teatro.

P.S.: E com a minha mãe eu aprendi a nascer! Quer mais?!

Em 22 de janeiro de 2017

> ILUSTRAÇÃO:
> CHAMADA DE ARTIGO NO *NEXO JORNAL*:
> *"Na guerra cultural, todo mundo perde."*

Bom dia, pessoal.

Eu sugiro a leitura das colunas de Denis R. Burgierman, no *Nexo*.

É novidade para mim, tanto o site quanto o escritor. Gostei muito dos dois.

Cheguei neles na luta por me manter bem informado, o que é tarefa nada fácil em meio à avalanche diária de notícias que a indústria da comunicação despeja sobre nós.

Fico muito curioso de saber o que é que os colegas aqui dessa praia seca (sem vento nem sol nem mar) leem para se informar.

E então, pessoal? Onde é que vocês procuram a verdade?

Em 23 de janeiro de 2018

TRANSCRIÇÃO DE VÍDEO:

"Bom dia, pessoal. Muitas respostas sobre onde é que a gente procura, onde é que a gente encontra a verdade. Muitos lugares citados, mais de quarenta. Principalmente, Nexo, El País *e* Mídia Ninja. *Do* Nexo *e do* El País *são citadas: Lilia Schwarcz e Eliane Brum (respectivamente) como pessoas que garantem a boa qualidade daquele serviço. Aí eu passei rapidamente a vista por esses lugares todos e encontrei pouquíssima (na verdade, nenhuma) referência de um site a outro, de um colunista a outro, de um jornalista a outro. E fiquei intrigado com isso. É como se cada site, cada jornalista, tivesse um país particular sobre o qual ele escreve. Mas nós vivemos em um lugar só, né? E ninguém fala do outro. Aí me ocorreu perguntar aos colegas jornalistas: onde é que vocês recolhem a verdade que nos contam? E se vocês se sentem influenciados uns pelos outros? Se vocês buscam... Se vocês são fonte uns dos outros. Gostaria que os amigos jornalistas respondessem."*

Este post tem a petulância de pedir a jornalistas que me respondam. Por favor, ninguém tem obrigação nenhuma de me responder, não preciso nem dizer. Eu apenas fiquei curioso e não consegui evitar fazer a pergunta.

É uma curiosidade inocente, de quem é leigo na matéria. Pergunto porque me chamou mesmo a atenção que jornalistas façam pouca referência uns aos outros, do mesmo modo que me surpreende que artistas falem pouco sobre outros artistas, como se tudo nos chegasse de nós mesmos.

Nisso, o mundo acadêmico nos ensina alguma coisa, eu acho. Os estudiosos desenvolvem o seu pensamento em constante diálogo com o que já foi pensado antes ou está sendo durante.

Talvez a minha impressão do isolamento dos jornalistas não seja nem verdadeira. Talvez. Vamos ver. Ou por trás de sua aparência esconda-se algo sobre a natureza da prática jornalística que eu desconheça.

Sugiro, mas sugiro com entusiasmo, o artigo de hoje, no *Nexo*, de Yasmim Thayná. Assunto da maior relevância, na minha opinião. Um texto muito claro, bem escrito, perfeito no que diz e preciso no modo como se expressa. Fiquei profundamente movido pelo assunto. A nossa raiz africana, como todas as outras, merece o nosso cuidado, na minha opinião. Tenham um bom dia.

Duas palavrinhas depois

Foi para libertar os textos do Instagram do próprio Instagram que eu os quis publicar em livro. E para libertar a mim e a quem me lia do vício de convívio que as redes antissociais estimulam.

O livro é um meio de comunicação mais isento do que qualquer outro; por isso eu gosto de livros. A mensagem que ele informa de ser livro tem pouco impacto sobre quem a recebe, ou, melhor dizendo, tem o enorme impacto de ser quase nenhuma por conta da simplicidade da coisa que ele é. A mensagem transmitida por livro sofre assim menos interferência da mensagem inevitável do meio que a transporta. A rede antissocial onde esses textos se originam é um meio muito mais impositivo do que este livro. Aqui, os textos se apresentam ao leitor de modo mais nítido. Minha opinião.

Outro motivo seria libertar a mim e a quem me lia e comentava de ficarmos trabalhando de graça para um patrão que não nos paga; para quem somos apenas dados de pesquisa de mercado. O livro, e a editora que a ele se associa, é uma relação comercial evidente, limpa e honesta. Paga-se pelo objeto, fica-se com ele para sempre, eu ganho um percentual das vendas, o comprador recebe um estímulo de pensar e não há publicidade a se intrometer entre nós nem, muito menos, invasão de robôs agressivos a nos destratar.

(E aqui faço uma ressalva: eu nunca escrevi para o Instagram imaginando estar fazendo um trabalho. Para mim, era um compartilhamento de opiniões em busca de fazer algumas amizades. Se o livro e a minha vida não tivessem custos, eu o ofereceria gratuitamente. Mas tudo tem custos. Daí o livro ter que ser um empreendimento comercial. Se eu, porventura, vier a ganhar dinheiro com ele, será porque, sem o haver planejado, meu engajamento no Instagram produziu algo no que se reconheceu algum valor profissional. Mas esta não era a minha vontade original. Passou a ser depois.)

Um outro motivo ainda para eu querer dispor os textos em livro foi a necessidade de me libertar de ser o autor deles, o tal PedroCardosoEuMesmo. Tornou-se imperioso voltar a falar na terceira pessoa; silenciar a minha voz pessoal para dar voz a outras criaturas muito mais interessantes do que eu, que são os personagens. Eu sou um ator. Expresso-me melhor, e me sinto melhor, emprestando a minha figura para nela se fazer a presença de entes da ficção do que insistindo em ser eu mesmo.

A voz rebelde que dentro de mim se fez soar em resposta ao desgoverno que assomou no Brasil, evidenciado no macabro discurso de Jair ao votar a favor do impedimento de Dilma, não é a minha voz mais precisa; ela é por demais pessoal. Com os textos depositados no confiável veículo de informação que é o livro, eu me sentirei liberado para voltar a me expressar como PedroCardosoOsOutros, e dar representação aos personagens das histórias que gosto de contar.

No entanto, no dia em que termino de organizar este livro para entregá-lo ao processo industrial de sua fabricação, chega-me a notícia de que soldados do exército brasileiro disparam oitenta vezes contra o carro onde viajava uma família de pessoas inocentes, matando o motorista. Diante de tamanha agressão, quem ainda pode negar que estamos vivemos a barbárie?

E não consigo ainda calar a minha primeira pessoa.

Em 8 de abril de 2019*

ILUSTRAÇÃO:
CHAMADA DE NOTÍCIA NO SITE
DIÁRIO DA CAUSA OPERÁRIA:
*"RJ: Soldados do Exército disparam
80 tiros contra o carro com família e
assassinam músico negro."*

Minha opinião:

A civilidade é a resposta da razão à pretensão de soberania dos instintos.

O advento da razão criou no ser humano, que ela mesma fundou, um conflito dele com ele mesmo. Ao ensejar a compreensão de que nenhuma pessoa tem mais direito a manter-se viva do que outra — e por que haveria de ter? —, a razão empurrou o ser humano contra o instinto de sua própria sobrevivência. Que direito tenho eu de defender a minha vida ao custo da vida de outros, cujas vidas têm eles o mesmo direito a defender ao custo da minha? Não há quem não se depare com essa pergunta, que a razão espontaneamente formula, no momento onipresente em que lhe cabe defender a própria vida contra

---

* Texto nunca publicado no Instagram.

a ameaça maior, que sempre é um outro ser humano, que também o tem como a maior ameaça à vida dele.

Eu desconfio que toda a tentativa de construir uma ética é provocada por essa afronta que a razão faz aos instintos. E o rigor da construção é proporcional à reação dos instintos aos limites que a ética lhes impõe.

Enquanto a ação dos instintos no animal irracional harmoniza o seu comportamento com a natureza da qual ele faz parte, no animal racional a soberania dos instintos sobre a razão o antagoniza com o modo de vida em sociedade. Os instintos não reconhecem a questão ética imposta pela compreensão racional de que toda pessoa tem direito a lutar por manter a sua vida (e, portanto, ninguém tem o direito de eliminar a vida do outro, pois agindo assim está desrespeitando o direito que reconhece para si mesmo).

Um ser humano dominado pelos seus instintos de sobrevivência torna-se uma pessoa incivilizada; incapaz de se manter obediente às regras de convívio arduamente construídas durante milênios de empenho da razão a favor da civilidade.

Talvez a razão não seja nada além de um instinto, característico e exclusivo, do ser humano. Eu não sei se pode ser entendida assim. Mas sei que a razão triunfou sobre todos os nossos instintos e se apoderou dos seres que somos.

No entanto, por maior que tenha sido a sua vitória, os instintos derrotados estão sempre conosco a disputar com a razão o comando das nossas ações. Para manter-se soberana aos instintos, a razão tem que convencer o ser humano de sua maior eficiência em proteger a vida. A razão tem que permanentemente provar que a civilidade, sob a qual se ergue a sociedade, é mais competente para promover a segurança da vida do que são os instintos. Quando não consegue fazer-se fundamental, a razão tende a ser suplantada pelos instintos no comando dos seres humanos.

Educar uma criança é construir nela o domínio da razão sobre os instintos; e, assim, fazer dela um ser civilizado, habilitado a viver em sociedade. Um adulto que desacredita da razão volta a ser a criança deseducada que um dia foi. Quando são muitos, constroem o fascismo.

Quando o projeto de Brasil do Partido dos Trabalhadores ruiu sob o peso dos imensos erros do partido e sob o ataque, intencional e oportunista, das elites econômicas brasileiras, tradicionalmente inimigas da emancipação do povo, eu imaginei que tamanha desilusão provocaria uma enorme reflexão. Divaguei que viveríamos um tempo maravilhoso, no qual a razão se empenharia em conhecer uma resposta honesta para as questões estruturais do Estado e, principalmente, sobre a natureza propensa à corrupção moral do próprio poder político.

Mas aconteceu justamente o oposto. Em lugar do tempo de questionamento racional, que eu ingenuamente havia suposto, o que surgiu foi o assalto dos instintos sobre a nossa capacidade de pensar. A razão, e com ela tudo o que é razoável, foi derrotada dentro de muitas pessoas; e, sob a liderança dos instintos, a irracionalidade assumiu o comando das ações.

Ainda incipiente, este acontecimento foi percebido por um grupo astuto de pessoas da elite econômica e elas viram ali uma oportunidade de manipular a insatisfação popular a seu favor. E urdiram o golpe contra o Brasil, do qual o impedimento de Dilma é apenas um dos eventos. Nada é simples nem evidente. O golpe foi se organizando ao mesmo tempo que se desenrolava. Muitas forças da sociedade agiram em conjunto, unidas em uma circunstancial aliança, com intenção de varrer os ideais do Partido dos Trabalhadores para o limbo da história e manter intactos os privilégios da mínima elite econômica brasileira que aqueles ideais ameaçavam. A Operação Lava Jato foi matematicamente organizada para destruir o líder total do PT, Luiz Inácio, e abrir caminho para ascensão ao poder de outras forças pseudopolíticas. Hoje, já não resta dúvida alguma em mim de que a operação se orientou para esse fim, independentemente de Lula ou o PT serem culpados ou não dos crimes que lhes imputam.

A captura da atenção das pessoas através do atendimento à demanda dos instintos já vinha acontecendo desde muito antes da derrocada final do PT. As igrejas de falsa fé, que nos últimos anos infestaram o Brasil, oferecem autoestima poderosa a pessoas humilhadas por precariedade econômica; a paranoia anticomunista, reeditada publicitariamente pelas elites através de seus prepostos nas classes médias (onde se encontra a maioria dos militares), oferece reforço à individualidade em oposição ao projeto coletivista que, afirmam eles, destruiria a autonomia das pessoas. O mesmo apoio à individualidade faz a teoria liberal em economia ao propor a meritocracia e o empreendedorismo como possibilidade para qualquer um. (Sabemos que nada pode ser mais falso. Como pode alcançar excelência de mérito quem teve negada uma formação escolar de qualidade? Como pode empreender quem ganha menos do que precisa para se sustentar? Mas essas são duas das muitas evidências que o radicalismo liberal atravessa sem responder.)

Foi fácil para os artífices da reação ao projeto petista capturar a paixão de muitos brasileiros através do atendimento ao que reclamavam os seus instintos. A razão estava já desmoralizada pelo propagado — e, em parte, verdadeiro — fracasso de um estado complexo, falacioso, ineficiente e construído, em tese, sob os auspícios dela. Quando o mundo que a razão constrói fracassa, é sobre a própria razão que recai a culpa, e não sobre a desonestidade dos que dela se valem para mentir, enganar e roubar.

A oposição radical ao petismo, ao socialismo, ao comunismo e o incentivo à criminalização da totalidade das administrações petistas encontraram farta aceitação em ouvidos de pessoas que já estavam descrentes dos argumentos racionais. Seus instintos valeram-se da desconfiança para com a razão e assumiram o comando de suas ações; e a ignorância passou a ser enaltecida.

Entretanto, a pessoa dominada por seus instintos não está livre da razão. A razão permanece fustigando a sua consciência a respeito das decisões que ela toma e, insistentemente, recoloca a questão ética fundamental sobre a igualdade do direito à vida. Os instintos precisam forjar argumentos racionais para justificar ações irracionais executadas a mando deles, sob o risco de, não o fazendo, serem flagrados na incivilidade que promovem. Surgem, então, os simulacros de razoabilidade. São explicação para tudo o que interessa aos instintos explicar de modo a legitimar eticamente o seu reinado. Mamadeiras fálicas, kit gay, ameaça comunista, declarar o PT o inventor da corrupção, dizer de Lula que ele é o maior bandido de todos os tempos, renomear o golpe de 1964 com o elogioso conceito de movimento, afirmar que a tortura foi necessária, que a terra é plana etc. etc. etc. Oferecendo justificativas éticas que suportem racionalmente os seus crimes, os instintos conquistam autoridade sobre o ser humano racional e constroem uma moral adequada ao seu interesse primordial, que é dotar cada pessoa do direito de defender a sua vida, mesmo que seja ao custo da vida dos outros. O dilema ético original perde relevância. O outro já não tem o mesmo direito à vida que eu tenho; posso matá-lo, pois foi ele — e o seu comunismo, ou homossexualismo, ou catolicismo, ou umbandismo, ou seja lá o que for — que ameaçou a minha vida primeiro. A violência imensa, que cotidianamente sangra o Brasil, é o álibi perfeito para justificar moralmente o extermínio do suposto agressor. A narrativa dominante, repleta de mentiras e desinformação, constrói a compreensão de que só são violências o furto, o latrocínio, o assassinato (e, realmente, são)... Não são violências a pobreza, as condições ruins de moradia, a dificuldade de locomoção, a precariedade de todos os serviços públicos, a desigualdade social, o preconceito de raça, de gênero, de tudo... etc. etc. etc.

Não é por acaso que o projeto de segurança da atual administração tem como sua proposta central a ampliação do conceito de autodefesa, permitindo que ela seja evocada em nome de uma subjetividade absoluta — "surpresa, medo e violenta emoção". A autodefesa é, neste caso, o disfarce que assume o instinto de sobrevivência. Matar para não ser morto é a sua lei. E a percepção de que a vida está em perigo é então amplamente desregularizada. Está em perigo qualquer pessoa que se sinta em perigo; e não mais quem compreenda que está em perigo. Vitória dos instintos sobre a razão.

Um ser irracional, entregue naturalmente aos seus instintos, é um testemunho da inocência. Um ser racional dominado pelos seus instintos é um assassino em potencial, um radical.

Foi dito por mim, e por muita gente além de mim, que a eleição passada não era entre dois candidatos à Presidência da República; mas entre a civilidade e a barbárie. A barbárie venceu. E agora estamos vivendo sob o domínio dela.

Mas não seria correto dizer que a barbárie é uma produção exclusiva da atual administração. Ela já dava sinais de estar entre nós em tempos anteriores. A barbárie é uma ameaça sempre presente. Mas, enquanto o projeto petista, e mesmo o peessedebista, podem ter sido negligentes na oposição a ela, o atual projeto de poder é cúmplice dela, ele a promove, a glorifica e com ela se identifica.

Mas eu ainda acredito que o ser humano é uma criatura ética, por natureza. E o domínio dos instintos pode ser passageiro se for combatido.

Hoje, um heterogêneo, mas unido, grupo de pessoas se apossou do Estado para vilipendiar a própria democracia através da qual se elegeu; a intenção deles é manter o povo longe da sua emancipação e a máquina pública ocupada por delinquentes; e, como o agressor de uma relação abusiva, manter a nação em permanente sobressalto. Eles têm em mãos uma poderosa estrutura repressiva, polícias e exército. Eles estão armados. Quem está desarmado é o povo, como sempre! Quando o povo se arma, torna-se um exército revolucionário popular. Seus guerreiros são considerados um bando de criminosos até que a sua revolução vença. Estão sujeitos à prisão e até à pena capital. É sempre o Estado que possui armas legalmente. O Estado é que tem força para efetivar as suas políticas. E o Estado está em poder de antidemocratas, irresponsáveis e desonestos alpinistas sociais. Já aconteceu em outros momentos da história e está acontecendo de novo.

Como haveremos de nos defender, e defender a democracia, se estamos desarmados? Eu penso que o povo, mesmo desprovido de armas de fogo — as quais só existem para matar —, tem o poder de fogo da razão. A democracia é criação da razão. Os autoritarismos são produto dos instintos. É o argumento racional que pode reconstruir nas pessoas a soberania da razão sobre os instintos; e reorganizar a civilidade que nos permite o convívio pacífico.

Todo o meu esforço nesse tempo em que atuei nas redes antissociais foi para provocar um estímulo à razão; tentar mover o pensamento; vencer a resistência das certezas, das paranoias e dos medos; e criar curiosidade pelo diferente.

Convencer os outros do que eu acredito? Sempre queremos convencer os outros, mas a mim, antes me agrada o divertimento da especulação do que a disputa por estar certo. A troca honesta de opiniões entre pessoas dispostas a serem influenciadas pelo outro é o mais revolucionário dos acontecimentos.

Eu acredito que só a razão haverá de unir o povo em torno de um projeto político civilizatório, e esse projeto deve contemplar a variedade de opiniões de todos nós. Mas um projeto assim tem que existir de fato. Ele não pode ser apenas uma intenção ornada com belas frases retumbantes expressas com virilidade revolucionária. O projeto precisa ser real, viável, factível, matemático e para ontem. Enquanto políticos, mesmo os bons, continuarem desmoralizando a razão com suas mentiras sistemáticas, o povo não irá se unir em torno de nenhum deles. E aqueles que promovem e se valem da soberania dos instintos, como o movimento messiânico hoje em curso no Brasil, continuarão capturando a aceitação da maioria. Eleitos pelo voto de pessoas governadas pela irracionalidade, eles se manterão no poder e levarão a administração do Estado para um extremo cada vez mais radical. E terão até aprovação popular a despeito do elitismo clandestino do seu projeto. (Não conheço dirigente político que viva igual ao seu povo. Todos se operam nos melhores e mais caros hospitais, enquanto o povo...)

Se não resgatarmos o prestígio da razão, assassinatos cometidos por agentes do Estado, como esse noticiado pelo Diário da Causa Operária, continuarão a acontecer em número cada vez maior.

Eu pergunto aos meus amigos que me leram: qual é o projeto político para o Brasil que nos interessa produzir? E ofereço este livro como contribuição a uma possível resposta coletiva, diversa e democrática. E assim me junto àqueles que têm feito um gigantesco esforço em favor da recuperação da razoabilidade no Brasil.

P.S.: A terra é redonda. Graças a Deus.

Este livro foi composto na tipografia
Minion Pro, em corpo 11,5/16, e impresso
em papel off-white no Sistema Cameron da
Divisão Gráfica da Distribuidora Record.